JEAN BERTRAND
ET
CLAUDE WACOGNE

La fausse
ÉDUCATION
NATIONALE

L'EMPRISE
JUDÉO-MAÇONNIQUE
SUR L'ÉCOLE FRANÇAISE

> « La France est le seul pays où l'enseignement officiel n'ait pas d'autre tâche que de détruire obstinément tout ce qu'il devrait conserver et dérobe à la nation la connaissance de sa propre grandeur. »
>
> **ABEL BONNARD**
> (Les Modérés) - 1936

CENTRE D'ACTION & DE DOCUMENTATION (C. A. D.)
8, rue de Puteaux - Paris-XVIIᵉ

Philippe Pétain maître d'école
- 13 octobre 1941, Périgny (Allier).

Première édition
1944
Centre d'action & de Documentation
(C.A.D.)
8, Rue de Puteaux, 8
Paris (17ᵉ)

N° d'Autorisation 22.313

Exegi monumentum ære perennius
Un Serviteur Inutile, parmi les autres

18 juin 2019

scan, orc, mise en page
Lenculus †(2016) & Baglis
in memoriam

Pour la Librairie Excommuniée Numérique des CUrieux de Lire les USuels

BUT et ACTION
du C. A. D.

Le « CENTRE D'ACTION ET DE DOCUMENTATION » n'est pas une création récente ; il est né de la fusion des organisations anti-juives et anti-maçonniques, créées par Henry Coston, sous le signe de la « Libre Parole », en 1930.

Le « CENTRE D'ACTION ET DE DOCUMENTATION » a pour but la lutte contre la judéo-maçonnerie, ses agents, ses filiales et leurs complices pour l'édification et la documentation des français, chaque semaine est publié le **« Bulletin d'Information Anti-maçonnique »** qui compte déjà des milliers d'abonnés dans les deux zones ; le C.A.D. édite également des tracts, des brochures de propagande et des ouvrages de doctrine et de documentation sur la question judéo-maçonnique.

En outre, au sein du C.A.D. fonctionne un service de documentation conçu sur des données et selon une formule absolument nouvelle, lequel est mis gracieusement au service de la presse et des collectivités. Les importantes archives juives et maçonniques de ce service, installé à l'ex-Grande Loge de France, sont particulièrement riches en documents inédits.

Le secrétariat du C.A.D., dont Henry Coston est le directeur, est assuré par Paul Lafitte. ni l'un ni l'autre ne sont de nouveaux venus dans le combat national et leur anti-maçonnisme, ainsi que leur antisémitisme, n'est pas de fraîche date. Henry Coston se consacra au triomphe de ces idées dès 1927, et en 1930 prit la direction de « La Libre Parole », acceptant ainsi d'être l'héritier spirituel d'Édouard Drumont. Paul Lafitte fut, lui, durant six années, secrétaire général du mouvement national « LE FRANCISME ».

Sous l'impulsion de ces deux hommes, la lutte anti-judéo-maçonnique est menée avec la vigueur que seule peut permettre la pleine connaissance des problèmes que soulèvent cette lutte ; connaissances acquises au cours des combats de jadis.

PRÉFACE

L'OUVRAGE *que présentent aujourd'hui au public* JEAN BERTRAND *et* CLAUDE WACOGNE *n'est pas l'œuvre d'écrivains isolés, mais bien celle d'une équipe de spécialistes ayant amassé depuis quinze ans, d'abord à la rédaction de la libre parole, ensuite au sein du C.A.D., une documentation importante sur l'activité de la Juiverie et des Sociétés Secrètes.*

Les archives maçonniques saisies dans les Loges depuis 1940 ont apporté un précieux appoint au volumineux dossier déjà constitué avant la guerre et que les perquisitions effectuées à nos bureaux et à notre domicile par les sbires de BLUM *et de* MANDEL *n'avaient pas réussi à faire complètement disparaître.*

Cette modeste brochure est mieux qu'un ouvrage de propagande : c'est un véritable document qui livre, presque sans commentaire, la preuve de l'enjuivement de l'Enseignement français et de l'emprise maçonnique sur l'Éducation Nationale.

Les noms qui sont cités tout au long de l'ouvrage sont extraits de l'important fichier judéo-maçonnique que possède le CENTRE D'ACTION ET DE DOCUMENTATION, *fichier établi à l'aide des documents maçonniques saisis, des périodiques et des annuaires israélites rassemblés depuis la dissolution des Loges et l'éviction des Juifs de l'économie et de la politique* françaises. C'est dire combien rares seront les erreurs qui auraient pu se glisser dans le texte de cette brochure. Il va sans dire que nous rectifierons, dans les éditions suivantes, toute méprise ou omission qui pourrait nous être signalée.

Dans les lignes qui suivent, Jean BERTRAND et Claude WACOGNE ont fréquemment employé les termes « révolutionnaires », « révolution », pour désigner les activistes de la Judéo-Maçonnerie et le but qu'ils se proposent. Il est bien évident que pour eux les « révolutionnaires » sont les Communistes, les Marxistes, dont la doctrine de chambardement s'oppose à celle de la Révolution Nationale. Jean BERTRAND et Claude WACOGNE sont, eux aussi, des révolutionnaires, mais des révolutionnaires nationaux.

Et ces révolutionnaires nationaux n'ont pas attendu 1940 pour manifester leurs sentiments et pour combattre l'ennemi qu'ils démasquent ici.

Le C.A.D.

La fausse ÉDUCATION NATIONALE

L'EMPRISE JUDÉO-MAÇONNIQUE SUR L'ÉCOLE FRANÇAISE

	Pages
CHAPITRE I — La stabilité du régime maçonnique assurée par l'éducation.	11
a) L'école, source du recrutement démocratique.	12
b) Le laïcisme, issu des écoles normales, se dresse contre l'Église.	15
c) L'école laïque, base de l'école unique, instrument du règne maçonnique.	18
CHAPITRE II — Les ministres de l'éducation nationale et leurs fonctionnaires étaient francs-maçons ou juifs.	21
CHAPITRE III — Le syndicat national *(sic)* des instituteurs.	25
CHAPITRE IV — La ligue de l'enseignement.	29
CHAPITRE V — Le groupe fraternel de l'enseignement.	39
CHAPITRE VI — Œuvres postscolaires et périscolaires.	45
CHAPITRE VII — Les francs-maçons de l'enseignement.	55
a) A l'Université de Paris.	55
b) Les éducateurs en loges.	57
c) Les Loges et l'Enseignement.	58
CHAPITRE VIII — Les manuels scolaires et leurs auteurs.	61
CHAPITRE IX — Les juifs dans l'enseignement.	73
CONCLUSION.	81

CHAPITRE PREMIER

LA STABILITÉ DU RÉGIME MAÇONNIQUE ASSURÉE PAR L'ÉDUCATION

> *Celui qui serait maître de l'éducation, dans un pays pendant cinquante ans, serait maître de l'avenir de ce pays.*
>
> LEIBNITZ.

Au premier rang des responsables de la situation actuelle de la France, figure l'école qui a été trop longtemps et à un rythme de plus en plus accéléré, propagatrice de toutes les idéologies marxistes et pro-bolcheviques ; c'est l'école laïque, qui a, en grande partie, provoqué la désagrégation morale et sociale de la France ; le développement des doctrines marxistes fondées sur la lutte des classes et sur l'internationalisme, avait ouvert la porte de nos écoles publiques à des maîtres et à des maîtresses qui s'étaient laissés entraîner vers un enseignement faussé, anti-national, et qui étaient beaucoup plus préoccupés de faire jouer à leurs élèves un rôle politique, qu'à les éduquer.

En 1934, dans un discours prononcé à Caen, le Maréchal PÉTAIN avait souligné le danger que faisait courir au pays l'entreprise de démolition nationale menée par les instituteurs syndicalistes révolutionnaires.

Il lui apparaissait que l'Éducation Nationale d'un peuple est la plus haute et la plus importante des tâches nationales ; or, cette Éducation fut engagée dans une mauvaise voie.

C'est le but de cette étude d'en rechercher les raisons.

Nous allons montrer qu'une des causes profondes de la fausse Éducation Nationale réside dans l'emprise de la judéo-maçonnerie sur l'enseignement. Il n'est pas besoin que nous démontrions longuement l'identité de la République et de la Maçonnerie, elles ne faisaient qu'un, comme l'avouera le Convent du G∴ O∴ de 1924 (p. 393) :

« La Maçonnerie, c'est la République à couvert », de même que « la République n'est autre chose que la Franc-Maçonnerie à découvert », a-t-on affirmé plus complètement encore.

La Maçonnerie, noyautée de Juifs et souvent inspirée par eux, dirigeait donc en fait le pays ; en examinant ses agissements et son emprise sur l'éducation nationale, nous aurons ainsi la clé des tristes résultats de l'école officielle.

a) L'école, source du recrutement démocratique.

L'élection de Jules Grévy à la présidence de la République le 30 janvier 1879, inaugura la mainmise de la Maçonnerie sur la France ; dès cette date, en effet, la Maçonnerie tient la République comme le reconnaîtront plus tard de nombreux aveux maçonniques, témoin ce toast porté par le Président de l'Assemblée Générale du Grand Orient en 1924 : « A la **République Universelle de demain, fille de la Maçonnerie Universelle !** ».

Une pareille entreprise ne pouvait aller sans un recours perpétuel à la Révolution (1) ; les Loges vont donc préparer une

---

1. — Dans notre esprit, « révolution » est synonyme de « communisme » et de marxisme c'est-à-dire le contraire de « révolution nationale ».

révolution intégrale qui emportera pour toujours ce qui restait d'ordre et de discipline dans le pays.

On lit dans le *Bulletin Officiel de la Grande Loge de France* d'octobre 1922 : « **La Franc-Maçonnerie saura faire cette plus grande révolution qu'est la Révolution Internationale** ». Pour en arriver là, il était nécessaire d'étendre sur les esprits, la domination maçonnique.

Pour réaliser cette domination, la Maçonnerie se servira du dogme destructeur et négatif de la Déclaration des Droits de l'Homme ; la devise maçonnique « Liberté, Égalité, Fraternité » sera mise au fronton des monuments de la République.

Mais l'œuvre n'était pas terminée pour autant.

Il fallait, pour que cette démocratie maçonnique, cachant sous son masque humanitaire la tyrannie des Loges, arrive à sa perfection, qu'elle réalise ce monopole de l'enseignement, cette socialisation marxiste et juive de l'enfant et de la jeunesse qui lui permettrait un jour de former tous les citoyens selon sa propre mystique et de tenir véritablement le pays.

C'est ce que souligne le Convent du G∴ O∴ de 1931 :

> « Donc, avant de nous préoccuper des groupements politiques intellectuels, philosophiques ou sociaux, veillons avant tout à l'éducation morale de la jeunesse, surveillons-là attentivement, n'oublions pas que c'est d'elle que dépend l'avenir de l'humanité si nous savons la former à notre image, ou plutôt à l'image de notre idéal.
>
> « Alors, notre tâche sera simplifiée et lorsque cette jeunesse atteindra l'âge adulte, nous n'aurons qu'à garder le contact avec elle pour la maintenir dans l'idéal du bien, du juste et du vrai. » (p. 194-195.)

Pour les membres de la secte, l'enseignement avait donc une importance essentielle ; il s'agissait de former les futurs électeurs et les futurs citoyens de la République Maçonnique.

Le T∴ Ill∴ F∴ Brenier, Président du Conseil de l'Ordre du G∴ O∴ déclara :

« Si nous ne le faisons pas (un effort pour s'emparer de l'école et des œuvres postscolaires), non seulement la jeunesse nous abandonnera, mais nous porterons atteinte au recrutement républicain et même à la Franc-Maçonnerie ». (*Discours* au Convent 1928.)

« La désaffection de la jeunesse pour notre Ordre, c'est — ou ce peut être — à brève échéance, l'extinction de la Démocratie par la disparition de ses chefs. » (Convent du G∴ O∴ 1926, p. 168.)

En 1929, le Convent du G∴ O∴ proclamait :

« Nous savons, nous, que pour poursuivre l'idéal républicain qui nous est si cher, il nous faut former les jeunes intelligences. Les cléricaux comprennent très bien que le jour où l'école sera républicaine, c'en sera fait de leur règne, c'est sur ce terrain seul, que se livre la lutte. » (p. 151.)

Au Convent de la G∴ L∴ 1911, le F∴ Sergent, Grand Orateur, s'écriait, en réponse à des contradicteurs :

« Quoi qu'il en soit, vous avez un état qui est organisé suivant la forme démocratique et vous ne voulez pas que l'école qui appartient à cet état soit démocratique ? Vous ne voulez pas que cette école ait la mission de malaxer les cerveaux qui lui sont confiés dans un intérêt déterminé, dans un intérêt laïque, républicain et démocratique ? Vous ne voulez pas que cet état impose par sa volonté souterraine son empreinte sur l'intelligence des enfants qui lui sont confiés ? Il est impossible qu'il en soit autrement et le jour où l'état de l'école deviendrait neutre, elle ne remplirait plus son rôle d'école d'État. Elle remplirait son rôle d'école libre et non pas d'école d'État, *car il faut qu'elle enseigne la doctrine du parti démocratique.* »

Au même Convent, le F∴ Briquet, rapporteur, déclarait dans le même sens :

« L'école laïque n'a pas pour but de faire acquérir à l'enfant des connaissances déterminées; seule la méthode qui sera suivie restera et servira à l'enfant pour lui permettre d'acquérir plus tard une école de parti enseignant les doctrines conformes à celles du parti démocratique qui est au pouvoir. »

Le Convent se terminait par le vote d'un vœu demandant le monopole pour l'État de l'Enseignement primaire.

b) Le laïcisme, issu des écoles normales, se dresse contre l'Église.

Cette mainmise sur l'école, la Maçonnerie va l'opérer grâce à la religion laïque, au laïcisme, ce sera la doctrine. Le genre humain, la civilisation, les nations n'ont pas d'adversaire plus perfide que cette religion de l'anarchie que l'État maçonnique, démocratique, libéral ou républicain a tenté d'imposer au peuple français.

Cette religion laïque était enseignée dans ces « séminaires » laïques qu'étaient les écoles normales d'instituteurs où l'on enseignait une doctrine issue de Kant, de Rousseau, de Marx, doctrine qui a finalement tourné rapidement au bolchevisme pur et à un violent anticatholicisme.

En 1887, lorsque Jules Ferry voulut fonder les écoles normales de Saint-Cloud et de Fontenay-aux-Roses, qui donc en chargea-t-il ? Steeg, Pécaut, le F∴ Ferdinand Buisson. Ce furent dans ces « séminaires de la démocratie enseignante », que furent éduqués les instituteurs chargés de propager le laïcisme et de combattre le catholicisme qui, seul, faisait obstacle, — puisqu'il avait des écoles — à l'école laïque.

Pour cette école laïque, il fallait des maîtres : la Maçonnerie les formera dans ces écoles normales dont elle surveillera la vitalité et le recrutement.

Le vœu adopté à l'unanimité le 30 juin 1927 par le Congrès des Loges de la région parisienne, traduit très clairement la volonté de la secte maçonnique de poursuivre le triomphe du laïcisme, aidée en cela par les écoles normales.

« Considérant dit ce vœu :

« 1° Que les écoles normales ont été l'unique lieu de formation des maîtres vraiment laïques ;

« 2° Que les fondateurs de l'école laïque ont tenu la main autrefois à ce que les professeurs des écoles normales soient eux-mêmes des laïques sincères ....

Demande :

« 1° Qu'une vigoureuse intervention ait lieu auprès du ministre qui a la charge de défendre et les lois laïques et la laïcité ;

« 2° Que par tous les moyens en son pouvoir, le G∴ O∴ de France mène son action à ce sujet jusqu'à ce qu'il ait obtenu complète satisfaction. » (p. 94.)

Peu à peu, comme il était logique, un agnosticisme juif, à base de messianisme, est sorti de ces écoles normales et du radicalisme ; un mélange grossier de panthéisme, d'athéisme et de matérialisme sous l'influence de Karl Marx s'en est dégagé et la pensée commune du laïcisme a été cimentée par le sentiment ardent, par la volonté constante de faire une contre-église : l'État républicain né des doctrines de la Maçonnerie révolutionnaire n'a plus voulu l'enseignement chrétien et a cherché à le supprimer.

Les aveux maçonniques abondent pour prouver cette lutte à mort, engagée contre le catholicisme, obstacle à la mainmise de la Secte sur les esprits :

« Catholicisme et franc-maçonnerie s'excluent mutuellement, si l'un triomphe, l'autre doit disparaître. »

(*Alpina*, janvier 1928.)

« La Franc-Maçonnerie n'est qu'une Église, le contre-catholicisme l'autre Église, l'Église de l'hérésie. »
(F∴ Limousin, 33e, dans l'*Acacia*.)

« Le catholicisme, nous devons, nous francs-maçons, en poursuivre la démolition définitive. »

(Bulletin du G∴ O∴ - 1895.)

En effet, qui tient les jeunes générations, tient l'avenir d'un pays; il fallait donc pour cela, se débarrasser de l'Église, de l'enseignement libre, concurrent de l'enseignement laïque. L'enseignement libre supprimé, il ne restait plus qu'un éducateur: l'État maçonnique; on serait arrivé à ses fins: la Socialisation marxiste de l'enfant par l'enseignement laïque intégral.

Ce fut donc dès 1879 une lutte à mort contre le catholicisme; toute la politique intérieure du F∴ Gambetta et du F∴ Jules Ferry se résuma en un mot: l'anti-cléricalisme. L'idéal de Jules Ferry, c'était celui de la Maçonnerie de toujours que le Convent du Grand Orient de France de 1877 affirmait déjà, en y joignant pour l'avenir une menace qui se réalisera plus tard:

> « Une fois le système de l'instruction laïque et obligatoire fonctionnant, on laïcisera les écoles communales, au besoin graduellement. Une fois la dernière école libre fermée, on matérialisera l'enseignement dans les écoles de l'État restées seules. »

Jules Ferry fut aidé par les FF∴ MM∴ qui réclamaient l'instruction gratuite obligatoire laïque et matérialiste; il s'adjoignit pour ce combat le F∴ Ferdinand Buisson, Jules Steeg, Félix Pecaut, Paul Bert; ces hommes, nous l'avons vu, créèrent la religion laïque et se flattèrent de convertir le pays à la Libre Pensée.

> « Le F∴ Jules Ferry, qui a eu l'insigne honneur d'être associé à nos mystères, poursuit une œuvre essentiellement maçonnique, disait à Marseille un orateur de la L∴ « La Parfaite Sincérité »; il nous appartient, à nous maçons, de le soutenir dans l'accomplissement de sa mission. »

Ainsi clairement annoncé, le combat devait se poursuivre pendant 65 ans sur le terrain scolaire où l'Église avec ses écoles, faisaient obstacle à la Maçonnerie.

c) L'école laïque, base de l'école unique, instrument du règne maçonnique.

L'école laïque, affirme la Franc-Maçonnerie, est une création maçonnique : elle fait partie du corps républicain.

> « Il faut que les Francs-Maçons serrent les rangs autour de l'école laïque qui est la plus précieuse conquête de la Libre-Pensée, cela, parce que l'école laïque assure le recrutement des partis démocratiques, des partis épris de progrès social. »
> (Convent G∴ D∴ 1928, p. 127.)

> « En attendant, mes FF∴, créons partout des groupes de défense laïque, créons-en dans les plus petites communes, réagissons contre la vague d'égoïsme et d'indifférence, rassemblons les partis républicains autour de l'école, et refaisons en cette circonstance l'unité indispensable du parti républicain. L'école laïque est à la base des institutions démocratiques d'un peuple. »
> (Convent G∴ L∴ 1926, p. 256).

Mais la Maçonnerie voulait mieux que cette défense de l'école laïque ; elle voulait en faire la seule école, l'école unique pour tous les Français, elle comptait arriver à cela par le processus suivant : gratuité, sélection, orientation, monopole.

On devait arriver ainsi à l'école unique, à l'école collectiviste d'État. Les Convents Maçonniques nous avaient prévenus :

> « La Grande Loge de France se déclare favorable au monopole de l'Enseignement, avec inamovibilité du personnel enseignant. »
> (Convent G∴ L∴ 1923, p. 48.)

> « ...et enfin, pour couronner notre édifice sous un gouvernement laïque, que nous saurons instituer et dont nous serons sûrs, ce sera sans aucune crainte pour l'avenir l'institution du monopole de l'Enseignement. »
> (Convent G∴ O∴ 1929, p. 146-147.)

D'ailleurs, la Secte était décidée à assurer son emprise sur l'école laïque.

> « Et ainsi se lie au problème fondamental de la sauvegarde de la démocratie, celui de l'éducation collective qu'on ne saurait abandonner à la seule autorité des familles. »
> (Convent G∴ O∴ 1926, p. 216.)

> « J'insiste à nouveau pour que vous fassiez dans vos Orients, la propagande nécessaire pour que cette question soit mieux connue (École unique), afin que nous arrivions au plus tôt à organiser une École vraiment démocratique et conforme aux aspirations de la République et de la Maçonnerie. »
> (Convent G∴ O∴ 1925, p. 145.)

Ainsi, on voit par ces extraits, que les Convents maçonniques n'avaient pas de plus grande préoccupation que l'école laïque, son développement et la réalisation de son monopole.

Le F∴ Brenier se déclarait, le 12 octobre 1937, satisfait du travail accompli :

> « Ce sera l'honneur de Condorcet, de Paul Bert, de Jules Ferry, de Jean Macé, de Jaurès, de Ferdinand Buisson et de la Franc-Maçonnerie d'avoir travaillé à l'organisation d'un Enseignement **vraiment laïque**. »

Leibnitz, que nous citions au début, avait raison : au lendemain des cérémonies qui, en 1931, marquèrent son cinquantenaire, **l'école laïque était devenue une école révolutionnaire à la fois marxiste et internationale. Elle était la maîtresse du pays.**

CHAPITRE II

Les MINISTRES de L'ÉDUCATION NATIONALE ET LEURS FONCTIONNAIRES ÉTAIENT FRANCS-MAÇONS OU JUIFS

> *Les Francs-Maçons, chargés de fonctions publiques, ont le devoir d'appliquer les principes maçonniques.*
> (CONVENT G∴ O∴ 1923, p. 365.)

Le plan de conquête maçonnique de l'école visant en définitive au monopole de l'enseignement, a été réalisé et poursuivi par tous les Ministres de l'Instruction Publique, sauf deux, MM. Bérard et Mallarmé. Après les FF∴ Jules Simon, Paul Bert et Jules Ferry, ce furent les FF∴ Goblet, André Berthelot, Spuller, Lockroy, Léon Bourgeois, Charles Dupuy, Émile Combes, Bienvenu-Martin, Maurice Faure, Jules Steeg, René Viviani, Augagneur, Albert Sarraut, Honnorat, Mario Roustan, Albert Dalimier, Aimé Berthod, Henri Guernut; quelques autres ministres, sans être maçons, furent maçonnisants, tels Yvon Delbos, Anatole de Monzie, Edouard Daladier, Lucien Lamoureux, Bertrand Nogaro, Edouard Herriot, Pierre Marraud, Jean Durand, Philippe Marcombes.

Ce sont eux qui feront voter les lois de 1882, de 1886, de 1901 et de 1904, lesquelles laïciseront l'école laïque et porteront atteinte à tout autre enseignement. La Maçonnerie en coulisse dirigera la manœuvre, il lui faut une école populaire nouvelle où ses mots d'ordre fassent loi et à cette fin, elle propose ses méthodes: « Ce n'est pas l'officier prussien qui a vaincu, professe-t-on en 1871 dans les milieux maçonniques, c'est l'instituteur prussien ». Mais quant à expliquer aux masses comment travaille cet instituteur tant vanté, on s'en garde bien, les enseignements ne seraient pas conformes à la doctrine. Les réformateurs laïques, sûrs de porter en eux la vérité, n'ont pas besoin de s'instruire au dehors. Pour eux, pour leur secte, la défaite de la France n'est qu'une occasion, suivant la formule du F∴ Jules Simon, de « refaire la France par l'Éducation ».

Ce sont donc tous ces ministres maçons ou maçonnisants qui feront avancer la réalisation de l'école unique; ce sont eux qui patronneront la Ligue maçonnique de l'Enseignement; ce sont, par exemple, Herriot et François Albert qui se glorifieront en 1925 d'avoir découvert dans Condorcet le plan de l'école unique; c'est de Monzie dont les circulaires seront inspirées par les Loges.

Enfin, honte suprême, depuis 1936, à l'instigation du juif marxiste Léon Blum, la haute direction des Services de l'Éducation Nationale des jeunes Français fut confiée au Juif F∴ Jean Zay, dont la première œuvre littéraire fut un immonde papier sur la « saloperie tricolore » qu'est pour lui le drapeau français.

Son projet de réforme de l'Enseignement était une reprise d'un plan conçu par les FF∴ Maurice Weber et Marceau Pivert, et officiellement approuvé par la Maçonnerie; projet qui avait été étudié par le « Comité d'Études et d'Action pour l'école unique » en 1927, comité composé de plusieurs sectes maçonniques dont le Grand Orient, la Grande Loge, la Ligue de l'Enseignement, la Ligue des Droits de l'Homme, le Syndicat des Instituteurs, etc...

En 1936, le Zay, au Congrès du Front Laïque tenu sous la présidence du T∴ Ill∴ F∴ Brenier, apporta « le salut affectueux et cordial du Gouvernement du Front Populaire » et prit l'engagement de « présenter très prochainement des propositions de nature à donner satisfaction aux revendications du front laïque ».

Il était aux ordres de la Maçonnerie, et son chef, le Juif Léon Blum, avait déclaré que l'idée de laïcité conduisait à l'idée de nationalisation (monopole) de l'Enseignement.

Tous ces Ministres furent aidés dans cette emprise judéo-maçonnique sur l'École française par de hauts fonctionnaires francs-maçons ou maçonnisants, tels Th. Rosset, Directeur de l'Enseignement primaire, Lapie, Directeur de l'Enseignement primaire ; le Professeur Roussy, recteur de l'Académie de Paris, militant du Rassemblement Populaire et gendre du vieux F∴ Gaston Thomson, l'un des pontifes de la République maçonnique, Georges Cogniot, professeur au Lycée Voltaire, député communiste, rédacteur en chef à l'*Humanité*, dont le juif Zay fit un rapporteur du Budget à l'Éducation Nationale.

Le Directeur du Cabinet du F∴ Jean Zay (ministère Daladier du 29-4-38) était le juif Marcel Abraham, Inspecteur d'Académie ; dans son cabinet, on relevait également les noms des FF∴ René Paty, Directeur d'École, vénérable de la L∴ L'Étoile Polaire, et Jean Cassou.

De M. Paul Crouzet, factotum d'Albert Sarraut, de M. Pecher ex-directeur adjoint au cabinet de Guernut, le Juif Zay fait des inspecteurs généraux d'Enseignement Secondaire ; dans les lycées de Paris, Jean Zay case les hommes sur qui il croit déjà compter ; du F∴ Gaston Martin, un des pontifes de la Franc-Maçonnerie et l'un des agents de feu la mère Hanau, il fait un professeur d'Histoire au Lycée Buffon.

Du camarade Maublanc, théoricien et propagandiste du marxisme intégral, il fait un professeur de philosophie au lycée Henri IV, de la camarade Paillette Audry qui représente l'élément féminin dans les groupements révolutionnaires de Chartres, il fait un professeur de Lettres au lycée Jules Ferry; et le bouquet, c'est la nomination comme professeur d'Histoire au Lycée Charlemagne du camarade Pierre Georges que le Maréchal Pétain dut chasser du Prytanée de La Flèche.

Ministres et hauts fonctionnaires furent les complices et les serviteurs du Syndicalisme révolutionnaire, destructeur de la Société et de la Nation; ce Syndicalisme était d'ailleurs dans les mains de la Maçonnerie, car cette dernière avait besoin des instituteurs; citons à ce sujet le T∴ Ill∴ F∴ Joseph Brenier:

> « Les œuvres laïques, périscolaires et postscolaires comme nous les comprenons, ne pourront vraiment réaliser le but vers lequel nous voulons les entraîner que si nous avons le concours entier et absolu des membres du personnel enseignant, de l'Enseignement primaire d'abord, mais aussi de tous les autres ordres de l'Enseignement Public, car tous ont envers la laïcité et la République les mêmes devoirs. »

Ce concours, la Maçonnerie le trouva auprès du Syndicat National des Instituteurs.

CHAPITRE III

LE SYNDICAT NATIONAL *(sic)* DES INSTITUTEURS

> *Il est vrai que ce sont les instituteurs qui ont puissamment aidé à fonder la République et qu'ils l'ont, à ses débuts, merveilleusement défendue.*
>
> (Convent de 1928.)

Si l'école laïque devint révolutionnaire, elle doit cela en grande partie au syndicalisme universitaire qui, manœuvré sans qu'il s'en rende compte par la Franc-Maçonnerie, s'était développé depuis la guerre de 1914-1918 avec une rapidité surprenante, sans que les gouvernements successifs aient tenté sérieusement de s'opposer à ses progrès. Même après que la loi eût condamné les syndicats de fonctionnaires, Edouard Herriot, alors président du Conseil, autorisa les fonctionnaires à se syndiquer et recommanda aux chefs des diverses administrations de « collaborer » avec les syndicats, pourtant illégaux, ainsi formés.

C'est que les politiciens maçons ou maçonnisants avaient besoin de l'instituteur public, de son influence pour réaliser leur programme de laïcisation. On s'agenouilla alors devant les syndicats des instituteurs ; un secrétaire de syndicat traita d'égal à égal avec l'inspecteur d'académie. Quant au secrétaire permanent du Syndicat National des Instituteurs, que ce fut le F∴ Emile Glay, ou son successeur André Delmas, il était devenu le véritable directeur de l'Enseignement primaire.

Examinons d'un peu plus près ce Syndicat.

Le Syndicat National des Instituteurs et des Institutrices de France et des Colonies fut fondé en 1901. En 1938, sur les 130.000 instituteurs et institutrices de France, un peu plus de 100.000, exactement 103.000, faisaient partie du Syndicat dit National affilié à la C.G.T. ; **en 1936, ce Syndicat avait absorbé le Fédération Unitaire bolcheviste, et il marchait la main dans la main avec la Ligue maçonnique des Droits de l'Homme, le Parti Radical, le Parti Socialiste, la Franc-Maçonnerie** ; il avait, bien entendu, donné son accord à la formation antifasciste du Front Populaire ; les meneurs de ce Syndicat cégétiste déjà très influent au ministère sous les ministres radicaux, étaient devenus les maîtres absolus des services du juif Jean Zay ; c'étaient, avant la guerre, le camarade Léon Jouhaux, assisté des camarades Zoretti et Mérat pour l'Enseignement Secondaire, du camarade André Delmas pour l'Enseignement Primaire ; **sous la direction de ces hommes, la bolchévisation de l'école s'est poursuivie.**

Tous les ans, le Syndicat National tenait un Congrès Annuel qui constituait un véritable scandale ; on y prêchait la rébellion, « le sabotage, l'insurrection dans une atmosphère de passion révolutionnaire ; le secrétaire général Delmas s'écriait au Congrès de 1937, à Paris :

> « Nous vivons dans une période révolutionnaire, il faut que la Révolution triomphe, le reste s'alignera sur ce triomphe et sur la consolidation de la Révolution. »

On peut juger par là l'enseignement que pouvaient donner de tels fanatiques tout dévoués aux Soviets et à l'idéologie révolutionnaire communiste.

La responsabilité de ces hommes est écrasante.

Le Syndicat publiait un organe « L'École Libératrice » dont le secrétaire de rédaction était le F∴ Georges Lapierre. Nous avons en mains le numéro du 7 novembre 1936, on y reproduit un discours du Juif Léon Blum qui se termina au chant de l'Internationale! Les communistes, malgré la fusion, avaient conservé leur organe « L'École Émancipée »; dans cet hebdomadaire, on trouvait des choses effarantes comme celle de l'instituteur Aulas, de Saône-et-Loire, qui avait perdu le sens français au point d'écrire (n° du 17-1-37) : « **Que peut me faire à moi, maître d'école, d'être payé en francs ou en roubles.** »

Les dirigeants du Syndicat, outre Delmas, lequel avait succédé au F∴ Emile Glay, autre agitateur marxiste, étaient les FF∴ MM∴ Marcel Giron, Jean Vivès, Levasseur, Mme Pichorel, Mlle Cavalier.

Parmi les autres meneurs du Syndicat, citons les F∴ Auberger Georges, 18e; Baudon Émile, 30e; Beuzelin Raymond, Borrély César, Brassier Maurice, Berthet Edmond, Bonissel René, Bentegnac Jean, Carrier Paul, Chantoiseau Jean, Chamayou René, Duhem Jules, 14e; Dunaud Daniel, Delpech Jean, Duriez Fernand, Élie Paul, Gras Charles, Gontard Jean, Gamache Pierre, Giron Marcel (celui-ci fut secrétaire général de la Fédération des Fonctionnaires), Heidet Jules, Hasser Jean, Jacquemard Théodule, Jobard Fernand, Laguens Jean, Lecerf Jean, Maurellet Augustin, Mignot Marie (S∴), Martinot Philibert, 18e; Malaise Armand, Metey Louis, Merlette André, Marcoux Horace, Rousse Alexandre, Sansonnetti Antoine, 33e; Senèze Jean, 18e; Sors Antoine, Vivès Jean, Wine Antoine.

Tous ces syndicalistes francs-maçons étaient instituteurs ou directeurs d'école.

Avec eux, l'école primaire maçonnique était devenue la route principale du marxisme socialiste puis communiste; afin de véhiculer le poison dans les milieux ruraux, ils avaient créé un hebdomadaire « **La Terre Libre** » dans lequel écrivaient les hommes du Front Populaire : Victor Basch (juif hongrois), Albert Bayet, et ils éditaient des livres destinés aux enfants et imprégnés, bien entendu, du plus pur esprit internationaliste et marxiste; l'un de ces livres, « **Devant la vie** », avait pour auteur Léon Émery professeur, à l'École Normale d'Instituteurs de Lyon, grand propagandiste du Front Populaire dans la région du Sud-Est.

En 1938, le syndicalisme marxiste et maçonnique était entièrement le maître dans les conseils départementaux de l'enseignement primaire comme le prouve le résultat des élections des délégués à ces conseils.

Sur 91.602 votants, 66% des voix furent acquis au syndicalisme révolutionnaire ; celui-ci était donc le maître souverain de l'école primaire française.

Disons un mot des frères Pivert, échantillons parfaits du régime et militants du Syndicat des Instituteurs. Charles, obscur instituteur, fut « chargé de mission » à la présidence du Conseil par Léon Blum ; militant S.F.I.O., militant du Syndicat des Instituteurs, il fut élu comme tel, membre du Conseil départemental de l'Enseignement Primaire de la Seine ; le *Populaire* faisant son éloge, écrivait : « instituteur par surcroît » ; aussi pour un instituteur révolutionnaire, la fonction éducatrice passait bien après celle de propagandiste révolutionnaire.

L'autre frère Pivert prénommé Marceau, F∴ M∴, orateur de la L∴ Étoile Polaire, était devenu professeur à l'École Primaire Supérieure de Sens. Il se révéla un ardent propagandiste marxiste, puis il passa professeur de cours complémentaire et milita au Syndicat des Instituteurs ; il redevint professeur d'une école primaire supérieure, celle de Suresnes, cette fois ; il fonda la gauche révolutionnaire au sein du parti S.F.I.O., le journal « **Juin 1936** » et enfin, par la grâce du Juif Blum, devint dictateur à la radio d'État.

Anarchiste s'il en fut, c'est un des hommes qui auront fait le plus de mal à l'enseignement public et au pays.

Complètement inféodé par ses militants aux doctrines marxistes, le Syndicat National des Instituteurs était, on le voit, le terrain d'élection de la Maçonnerie.

CHAPITRE IV

LA LIGUE DE L'ENSEIGNEMENT

> *Autrefois nous affirmions que la Ligue de l'Enseignement n'était pas une institution politique religieuse. Aujourd'hui il faut affirmer que la Ligue est une institution maçonnique. Oui, ce que nous faisons est une œuvre maçonnique. La Ligue est une Maçonnerie extérieure. Je l'ai dit cent fois dans les Loges, d'un bout à l'autre de la France.*
>
> (JEAN MACÉ, au Ve Congrès de la Ligue en 1885, à Lille.)

Pour assurer sa pénétration totale à l'école, la Maçonnerie avait une machine de guerre puissante: « **La Ligue de l'Enseignement** », 3, rue Récamier, à Paris.

Elle fut fondée en 1866 par le F∴ Jean Macé de la L∴ « La Fraternité des Peuples ». Dès l'abord, fille de la Franc-Maçonnerie par son père Jean Macé et par tout son recrutement, elle le fut encore plus par son but nettement défini : le Laïcisme, « charte morale et immuable de la Ligue ».

Le F∴ Duval, au Convent de 1898, alors qu'il était secrétaire de la Ligue, déclara :

> « La Ligue de l'Enseignement est extrêmement forte, j'ajoute, car ce que nous disons ici ne sort pas de cette enceinte, que c'est une association maçonnique. »

Et le mot de la fin fut prononcé en 1900 au Convent du G∴ O∴ par le F∴ Lecocq :

> « Nous ne devons pas oublier qu'à côté de la Franc-Maçonnerie, il y a la fille de la Franc-Maçonnerie, la Ligue de l'Enseignement. »

Le Convent de 1929 vint confirmer cette déclaration :

> « ...La Maçonnerie et sa filiale, la Ligue de l'Enseignement. »
>
> (Convent G∴ O∴ 1929, p. 343.)

> « Je sais bien que vous êtes souvent mis à l'épreuve ; je suis souvent le témoin de vos efforts, mais je profite de cette circonstance pour dire que si la Ligue de l'Enseignement a obtenu les résultats dont elle peut être fière, c'est pour une très grande part à la Franc-Maçonnerie qu'elle le doit. Ce sont les maçons qui, en particulier, depuis quinze ans, nous ont aidé à fonder ces 85 fédérations départementales qui groupent 25.000 associations de sports, d'éducation et de loisirs. »
>
> (Convent G∴ L∴ 1938, p. 159.)

Les liens de la Maçonnerie et de la Ligue étaient si intimes que le Secrétaire général de la Ligue, le F∴ J. Dyard, écrivait le 3 octobre 1935 une lettre à tous les Vénérables de Loges pour leur recommander la Ligue :

> « Vous n'ignorez pas les modifications profondes qui ont été apportées depuis quelques années à l'œuvre fondée en 1866 par notre F∴ Jean Macé et en ont fait

la Confédération générale des Œuvres Laïques que préside actuellement notre T∴ Ill∴ F∴ Brenier, assisté du T∴ Ill∴ F∴ Lucien Le Foyer, ancien Gr∴ M∴ de la G∴ L∴ ».

Son dernier président fut le sénateur de l'Isère, le T∴ Ill∴ F∴ Joseph Brenier, ancien président du Conseil de l'Ordre du Grand Orient, 30ᵉ, assisté d'un vice-président, le T∴ Ill∴ F∴ Lucien Le Foyer, 30ᵉ, ancien Grand Maître de la Grande Loge et d'un secrétaire général administratif, le F∴ J. Dyard, ancien vénérable de la L∴ L'Étoile Polaire, 18ᵉ.

A côté de ces personnages, se trouvaient les FF∴ Alexandre Bachelet, ancien membre du Conseil de l'Ordre du G∴ O∴, sénateur de la Seine; Marceau Pivert, 30ᵉ; Daudé-Bancel, membre de la L∴ « La Renaissance »; Lahy, ancien membre du Conseil de l'Ordre du G∴ O∴ 33ᵉ; directeur d'études à l'École Pratique des Hautes Études, Hemmerschmidt, Maire de Villeneuve-St-Georges, ancien secrétaire du Conseil de l'Ordre du G∴ O∴ — Le Conseil général de la Ligue se composait en outre des FF∴ Arpin, Arnould, Bourdon, Bigot, Bonneaud, Bordel, Bizette, 30ᵉ; Cassonnet, Chevais, Delarbre, Duffau, Dary, Jamin, Farges, 18ᵉ; Galibert, Giron, Gaumont, Gourdon, Grandjeat, Géraud, Guillaud, Guigue, Hunel, Jattefaux, 30ᵉ; Lapaiche, 30ᵉ; Lavandier, 33ᵉ; Laborde, Laville, 18ᵉ; Le Corvec, 30ᵉ; Moissonnier, 32ᵉ; Prijent, Prévôt, Pottier, Pajot, Racault, Rosset, Séguin, 18ᵉ; Salle, Senèze, 18ᵉ; Truchet, 18ᵉ; Testud, Trochon, Thorel, Théventy, Vernay, Voiron et de quelques autres maçonnisants tel Jean Piot, conférencier en Loges, ancien député, rédacteur à l'*Œuvre*.

Prenaient en outre la parole à ses assemblées générales ou faisaient partie de l'une de ses commissions, les FF∴ Jean Zay et Marc Rucart, anciens ministres, Selamvoize, professeur de lycée, Adolphe Chéron, ancien sous-secrétaire d'État, André Grisoni, maire de Courbevoie, Théodore Rosset, directeur de l'Enseignement primaire au Ministère de l'Éducation Nationale, Glay, Dr Sicard de Plauzoles, ancien membre du Conseil de l'Ordre du G∴ O∴, la S∴ Lahy-Hollbecque, professeur à l'Université de Paris. Ajoutons, pour terminer cette énumération, que Edmond Labbé, le Commissaire général de l'Exposition de 1937, était le président du Comité du Cercle Parisien de la Ligue.

Transformée en 1926 en Confédération générale des Œuvres Laïques, elle groupait vingt mille associations laïques chargées de « **prendre en charge l'éducation civique dont dépend l'existence même de la démocratie et le sauvetage de la pensée libre.** » (Congrès de 1937.)

La Confédération fut décrétée le 31 mai 1930 d'utilité publique.

Les vingt mille sociétés rassemblées par la Confédération groupaient plus de 500.000 membres moyens et autant d'enfants, de jeunes gens et de jeunes filles.

Tous les groupements sportifs, artistiques, éducateurs, pouvaient adhérer à la Confédération, pourvu qu'ils donnent une nette adhésion aux principes de laïcité.

Par les 85 fédérations nationales qui en dépendaient, elle était aux œuvres complémentaires de l'École (Caisse des Écoles, Coopératives scolaires Amicales, Cercles, Patronages, etc...) ce que la C.G.T. était aux Syndicats par l'intermédiaire de leurs Unions Départementales. Organisée en surface, la Ligue l'était aussi en profondeur par ses Unions de Sociétés ayant une activité commune :

L'Union Française des Œuvres Laïques d'Éducation Physique (U.F.O.L.E.P.) était la plus forte fédération omni-sports et organisait de nombreuses compétitions nationales ; ses adhérents dépassaient 300.000.

L'Union Française des Offices du Cinéma Éducateur Laïque (U.F.O.C.E.L.) documentait et centralisait tout ce qui concernait le cinéma éducateur laïque, ainsi que la radiophonie et l'utilisation des disques dans les œuvres post-scolaires.

L'Union Française des Œuvres Laïques d'Éducation Artistique (U.F.O.L.E.A.) documentait et aidait les sociétés s'occupant de théâtre et d'art, et organisait des concours, des expositions, etc...

L'Union Française des Œuvres de Vacances Laïques groupait les colonies de vacances et les œuvres de plein air (U.F.O.L.A.P.).

Le Comité des Fêtes de la Jeunesse, la Commission d'Action Laïque dans les Enseignements du 2ᵉ et du 3ᵉ degrés jouaient de leur côté un rôle fécond dans la défense de la laïcité.

La Ligue Française de l'Enseignement contribuait à la création et participait à la gestion du « Centre Laïque des Auberges de la Jeunesse », « de l'Action Laïque et Démocratique des Femmes » (A.L.D.F.).

La Ligue Française de l'Enseignement, outre son bulletin officiel « *L'Action Laïque* et les Bulletins de 55 fédérations, publiait une *Revue illustrée du Cinéma Educateur et Copain-Cop*, journal illustré pour enfants (édité sous son patronage) qui comptait 12.000 abonnés.

Elle publiait la page « Éducation - Jeunesse - Loisirs » dans *La Lumière*, le grand organe antifasciste de Georges Boris, Albert Bayet, Weiskopf dit Georges Gombault, Émile Kahn, Salomon Grumbach qui, pour la plupart, conspirent aujourd'hui à Londres contre l'unité française.

Le T∴ Ill∴ F∴ Gaston Martin, 31ᵉ, député, ancien vice-président du Conseil de l'Ordre, faisait des conférences pour la Ligue.

Son organe *L'Action Laïque* avait un Comité de Direction, composé des FF∴ Brenier, 30ᵉ; Dyard, 18ᵉ; Seguin, Jattefaux, 33ᵉ; directeur d'école, J. Soleil, Pajot, 33ᵉ; Rongau, 18ᵉ; Eschard, 18ᵉ; Bourgougnon, 18ᵉ et des maçonnisants Belliot, Giroud, Ménard, Lorne, Vincens, Auvert, Claude Bellanger, Mlle Géraud; on notait aussi la présence de Marc Augier représentant du Centre Laïque des Auberges de la Jeunesse et de la juive Grunebaum-Ballin. *L'Action Laïque* avait d'autres collaborateurs tels que les FF∴ Rosset, directeur de l'Enseignement Primaire, R. Paty, 18e; Directeur d'École, Vénérable de la L∴ « L'Étoile Polaire », et Albert Bayet, conférencier en Loges. Le juif Léon Blum y donnait des articles.

La Ligue de l'Enseignement était représentée à « Paix et Démocratie », Société Internationale de Propagande contre le fascisme et pour l'organisation de la paix et de la démocratie internationale, dont le conseil exécutif était composé du juif hongrois Victor Basch, des conférenciers en Loges Albert Bayet et Paul Langevin.

Le Président de la Ligue, le F∴ Joseph Brenier faisait lui-même l'aveu de la puissance et de l'influence de la Ligue dans un discours prononcé le 12 octobre 1937 au Pavillon de la Famille et de l'Enfant à l'Exposition Internationale de Paris, sous les auspices de l'orphelinat maçonnique, dont le stand était installé dans ce pavillon; le F∴ Brenier déclara :

> « Il me sera bien permis de dire ici que la Ligue Française de l'Enseignement en toute indépendance matérielle, mais en plein accord de principe avec la Maç∴ s'est adaptée aux nécessités actuelles et elle est devenue la Confédération générale des Œuvres Laïques; elle a rajeuni et modernisé ses programmes, ses méthodes d'éducation populaire et elle offre maintenant à notre jeunesse, pour ses loisirs comme pour sa formation intellectuelle, l'accueil fraternel de ses 650.000 membres adultes, de ses 1.400.000 pupilles, et l'attrait de ses 25.000 sociétés groupées dans 85 Fédérations départementales. »

Le même Brenier avait déjà en 1928, réclamé la main-mise de la Maçonnerie sur la jeunesse; il s'écriait :

> « Il faut que, résolument, nous nous engagions dans la voie tracée par nos adversaires eux-mêmes et où nous sommes déjà distancé. Si nous ne le faisons pas, non seulement la jeunesse nous abandonnera, mais nous porterons atteinte au recrutement nécessaire des partis républicains et même de la Franc-Maçonnerie. »

Quel aveu! et qui montre que République et Maçonnerie marchaient de pair!

La Ligue de l'Enseignement a travaillé avec la F∴ M∴ à la fondation de l'école unique et du système d'éducation qui devait permettre à des comités formés par des représentants des Ministères du Travail, de l'Instruction et de la Santé publiques, de faire la sélection des enfants aux divers échelons de l'enseignement, de les « orienter » sur une profession, à la suite d'épreuves médico-pédagogiques d'une valeur scientifique incertaine, en dépouillant les pères de famille de leurs droits les plus légitimes.

Les textes imprimés sur ce sujet dans *L'Action Laïque* notamment le projet de loi sur la réforme de l'enseignement publié en avril 1937, à la suite du dépôt du projet du F∴ Jean Zay au Conseil des Ministres le 2 mars, ne font que préciser les idées émises aux couvents du Droit Humain de 1923 et de 1925, celles du rapporteur au convent du G∴ O∴ de 1924, Marcy, professeur à l'école supérieure Voltaire de Suresnes, et celles du rapporteur à l'Assemblée générale de la G∴ L∴ en 1928, Jacques Grossin, alors directeur d'école, rue Saussure, à Paris.

La Ligue bénéficiait des faveurs officielles. Au Congrès de 1937, une séance fut présidée par le F∴ Ministre Jean Zay qui promit aux ligueurs de tout faire pour réaliser le monopole de l'Enseignement; il salue le F∴ sénateur Bachelet qui allait bientôt au Sénat faire voter un projet de loi en ce sens. Une autre séance fut présidée par le professeur Jean Perrin, sous-secrétaire d'État à la Recherche Scientifique; lequel glorifie l'œuvre de la Ligue, en affirmant qu'elle est une œuvre de précurseurs : « **vous précédez l'action gouvernementale, vous lui indiquez le but qu'elle doit poursuivre** ». On ne saurait dire plus clairement que le rôle de la Ligue, « Fille de la Maçonnerie » est de transmettre aux membres du Gouvernement, les ordres des Loges.

Enfin, le Président de la République, Albert Lebrun, vint assister au Congrès ; à ses côtés siégeaient les ministres Léo Lagrange, les FF∴ ministres Jean Zay (toujours appelé « notre ami » dans les publications de la Ligue) et Georges Monnet.

En 1938, mêmes faveurs officielles ; Albert Lebrun préside une séance du 54e Congrès de la Ligue ; à ses côtés le F∴ ministre Marc Rucart. Le juif Zay assiste au Congrès et déclare :

> « Je veux seulement au moment où s'ouvre votre 54e Congrès National, rendre au nom du Gouvernement de la République, un hommage réfléchi au rôle que

vous avez assumé, ainsi qu'à la dignité et à l'ardeur avec lesquelles vous le remplissez. »

Le F∴ Jean Zay comptait beaucoup sur la Ligue pour son action politique.

Elle, de son côté, ne demandait qu'à lui donner son appui et le lui accorda généreusement lorsqu'il déposa ses projets de lois sur l'École unique, les colonies de vacances et l'École d'administration. Il est vrai que les Obédiences maç∴ les avaient appelés de leurs vœux; le convent du G∴ O∴ de 1937 avait, notamment, préconisé la fondation de cette dernière pour faire échec à l'École des Sciences Politiques qu'il jugeait trop réactionnaire.

De même, la Ligue répondit au désir du ministre en demandant que le cent cinquantième anniversaire de la Révolution de 1789 fut célébré dans toutes les communes de France.

Dès 1937, Jean Zay reconnut ses bons offices en augmentant la subvention que lui allouait jusque-là le Gouvernement, et celle de ses sections qui s'occupait d'«éducation populaire» et de «loisirs» reçut, à elle seule, 200.000 francs, sous prétexte qu'elle remplissait « un certain nombre de services qui, sans elle, incomberaient naturellement à l'État et seraient à sa charge ».

Les discours d'ouverture du Congrès de 1938 furent prononcés par M. Luc, directeur de l'Enseignement Technique (mais au fait, ce nom nous dit encore quelque chose en 1943), Brenier, président de la Confédération, Albert Bayet et par le F∴ ministre Jean Zay. Au cours d'une séance, le F∴ Giron, secrétaire-adjoint du Syndicat des Instituteurs, demanda une fois de plus la monopolisation de l'Enseignement; enfin, le professeur Bouglé, directeur de l'École Normale Supérieure, prononça le rapport général, au cours duquel il donna sans rire, une nouvelle définition de la laïcité qui, d'après lui, veut dire à la fois « sincérité » et « tolérance » et déclara que la Ligue jouait un rôle « quasi-officiel » auprès du Gouvernement, ce que nous ne savions que trop.

Albert Bayet fit à ce Congrès l'éloge de deux anciens

présidents de la Ligue, les Ministres Ferdinand Buisson et François-Albert qui luttèrent pour la démocratie et l'école laïque.

Ajoutons pour terminer, que la Ligue était subventionnée par l'État.

En résumé, comme on vient de le constater, la Ligue qui était une des colonnes laïques de la République défunte, qui avait une réelle puissance sur l'Enseignement par ses cadres et ses groupements, et dont tous les militants étaient des professeurs, des inspecteurs primaires, des directeurs d'écoles, des instituteurs, avait des liens très étroits avec la Franc-Maçonnerie.

La Ligue de l'Enseignement avait créé à Paris le « Cercle Parisien de la Ligue de l'Enseignement » siégeant dans le même hôtel qu'elle, 3, rue Récamier. Ce cercle avait pour objet la propagation de l'instruction primaire; c'était, bien entendu, une association essentiellement maçonnique dirigée par le F∴ Louis Ripault; parmi ses chefs et ses membres perpétuels on relève les noms des Francs-Maçons suivants: Lahy, chef des travaux de psychologie expérimentale à l'École des Hautes-Études et à l'Université de Paris, 33e; Guébin, ancien membre du Conseil de l'Ordre du G∴ O∴; Dyard, 18e; Daudé-Bancel; Hemmerschmidt, ancien membre du Conseil de l'Ordre du G∴ O∴; Dr Sicard de Plauzolles, ancien membre du Conseil de l'Ordre du G∴ O∴; Trouchaud, 30e; Brunet; Dr Hemmerdinger, professeur au Cours Normal d'Enseignement Ménager de la Ville de Paris; J. Brenier, ancien membre du Conseil de l'Ordre dit G∴ O∴. Ainsi, dans cette liste, cinq noms sont ceux d'anciens membres du Conseil de l'Ordre du G∴ O∴.

Cette simple constatation nous montre l'importance que les hommes de la rue Cadet attachaient au Cercle Parisien de la Ligue de l'Enseignement; il y avait aussi des Juifs: nous en parlons dans notre chapitre « Les Juifs dans l'Enseignement ».

Le Cercle avait une grande préoccupation qui était le contrôle des colonies de vacances; le Cercle avait, en effet, émis le vœu suivant :

> « Les représentants des Œuvres Laïques, groupés dans la Commission des Colonies de Vacances du Cercle Parisien de la Ligue Française de l'Enseignement, félicitent M. le Ministre de la Santé Publique d'avoir déposé un projet de loi sur le contrôle de ces œuvres, dont ils ont demandé à plusieurs reprises l'établissement, dans l'intérêt des enfants et des œuvres sérieuses. » (Comment donc!)

Le Cercle Parisien exigeait un contrôle rigoureux des colonies de vacances indépendantes de la Franc-Maçonnerie.

Ajoutons pour terminer, que M. Edmond Labbé, Directeur général de l'Enseignement Technique, Membre honoraire du Comité Central de la Ligue des Droits de l'Homme et Conférencier en Loges, était Président du Comité du Cercle Parisien de la Ligue, et un certain Léon Douarche, Secrétaire général.

Dans le Comité d'Honneur et de Propagande, on relevait les noms des ministres Herriot, Tardieu, Loucheur, Chéron, Sarraut, Painlevé, Laurent-Eynac, Bouisson, Président de la Chambre, Doumer, Président du Sénat, Cavalier, Directeur de l'Enseignement Supérieur, le F∴ Rosset, directeur de l'Enseignement Primaire, le F∴ François-Albert, ancien ministre, les FF∴ Roussel, Emile Glay, Lapierre, du Syndicat des Instituteurs, Victor Basch, professeur à la Sorbonne, Président de la Ligue des Droits de l'Homme, le F∴ Guernut, député, le F∴ Bienvenu-Martin, sénateur, Président de la Mission Laïque Française, M. Paul Strauss, le professeur Aulard et le F∴ Lucien Le Foyer.

CHAPITRE V

LE GROUPE FRATERNEL DE L'ENSEIGNEMENT

> *L'Enseignement, sous toutes ses formes, doit, au surplus, être l'objet de nos constantes préoccupations et de notre activité réformatrice.*
> (Convent G∴ O∴ 1929, p. 304.)

A côté de la Ligue de l'Enseignement, la Franc-Maçonnerie avait fondé une association *exclusivement maçonnique* qui groupait les membres du corps enseignant appartenant à la Maçonnerie. Cette organisation s'appelait : Le Groupe Fraternel de l'Enseignement.

Ce groupe, dont les anciens présidents furent Dequaire-Grobel, Crescent, E. Blum, Bascan, Lebosse et A. Schiltges avait en 1938 pour Président d'honneur le F∴ Louis Bascan, 30ᵉ; pour président le F∴ H.-F. Marcy, pour vice-présidents les FF∴ Brenier, Dalloni, Roques, Marceau

Pivert, Loisy et la S∴ Alice Jouenne (de la L∴ Agni, du Droit Humain).

Le Secrétaire général était le F∴ Lepaiche, 30e ; le Trésorier, le F∴ Larcher.

Une commission de documentation se composait des FF∴ Bascan, Bouilly, Lebosse, Leroux, M. Pivert, Marcy, Rousseau, Gaston Martin 31e, et une commission de parlement des FF∴ parlementaires Raoul Aubaud, député de l'Oise, ancien sous-secrétaire d'État ; Bachelet, sénateur de la Seine ; Raymond Bérenger, député d'Eure-et-Loir ; Georges Boully, sénateur de l'Yonne ; Hamelin, sénateur de l'Yonne ; Jammy-Schmidt, député de l'Oise ; Marc Rucart, député des Vosges, ancien ministre de la Santé Publique, membre du Conseil National du Droit Humain ; Paul Ramadier, député de l'Aveyron ; Georges Monnet, député de l'Aisne.

Les parlementaires avaient pour mission d'exposer à la Chambre et au Sénat les vœux de la Maçonnerie en matière d'enseignement, d'en favoriser l'adoption et de surveiller les FF∴ parlementaires qui se seraient laissé aller à une défaillance quelconque.

La laïcité, sa défense, son développement, tel était leur programme qui devait aboutir au monopole de l'enseignement et à l'école unique.

Signalons en 1928-1929, la présence au bureau du Groupe Fraternel des FF∴ Emile Glay, alors secrétaire général du Syndicat des Instituteurs et Edmond Labbé, directeur de l'Enseignement Technique qui sera plus tard le Commissaire général de la fameuse Exposition de 1937 du Front Populaire et de Léon Blum.

Dans un appel adressé par le Groupe Fraternel à tous les membres de l'Enseignement, nous lisons :

> « Le Groupe Fraternel de la Région Parisienne (Seine et Seine-et-Oise) a prouvé depuis plusieurs années, que son activité pouvait aider puissamment la propagande laïque et la lutte contre le cléricalisme. Par

ses séances fermées, consacrées à des travaux intérieurs de documentation mutuelle, de réflexion collective, de controverses amicales et éducatives, il a élevé le potentiel d'action des militants assidus.

« Par ses brochures, ses enquêtes, ses études de Revues Catholiques, il a fourni au mouvement prolétarien et aux organisations démocratiques des éléments d'information extrêmement précieux. Des dizaines de milliers d'exemplaires de « Qu'est-ce que la Laïcité ? » (Glay, Bayet, Déat), « Les Davidées » (Pivert), « Science et Laïcité » (Langevin), ont été envoyées aux quatre coins du territoire et dans de nombreux pays étrangers. Par ses manifestations extérieures, conférences, agapes annuelles, le Groupe Fraternel de l'Enseignement a imposé aux profanes hostiles à la F∴ M∴ le respect d'un prestige légitime, désarmé les suspicions et les inquiétudes de certains milieux, entraîné l'adhésion à la F∴ M∴ d'excellents éléments.

« Tout cela est dû à une position doctrinale très sûre, définie par le Groupe à l'occasion de quelques incidents ; son rôle n'est pas d'empiéter sur le domaine des Associations corporatives, mais essentiellement d'observer et d'étudier les problèmes de l'Éducation, vue sous l'angle de la Laïcité, c'est-à-dire de l'Esprit scientifique. Nous recherchons l'armement philosophique des Militants résolus à lutter contre l'oppression cléricale.

« Les résultats obtenus sont dûs également à un noyau irréductible et obstiné de FF∴ qui font aujourd'hui appel à des renforts pour que l'œuvre indispensable du Groupe soit encore plus intense et plus efficace. Un gros travail est en chantier ; une enquête sur l'enseignement dans les écoles dites « libres », sur les méthodes cléricales, sur les textes essentiels inspirant la Morale Catholique, des projets d'organisation d'œuvres postscolaires, création de patronages, liaison avec diverses associations. »

Dans l'appel ci-dessus, on aura lu le nom du F∴ Marceau

Pivert ; quelle qu'ait été sa fonction au groupe fraternel, il en fut le chef véritable.

Nous avons indiqué par ailleurs la nocivité du personnage, agitateur révolutionnaire inféodé aux communistes.

On remarquera aussi la propagande faite par le Groupe pour la brochure « Qu'est-ce que la Laïcité ? » dont il recommande la diffusion.

Cette brochure, rédigée par le F∴ Émile Glay et les conférenciers en loges Albert Bayet et Marcel Déat.

Comme on le voit, ce Groupe Fraternel était très agissant et avec l'aide d'un noyau irréductible et obstiné de FF∴, poursuivait la **laïcisation** (traduisons, la **maçonnisation**) de l'éducation nationale.

Les créations maçonniques s'étendaient à une foule d'autres groupements destinés à diffuser les idées laïques et démocratiques. Citons-en quelques-uns :

Front Laïque.

A côté du Front Populaire, l'ami des Loges, Louis Perceau, vieux socialiste anticlérical, avait fondé le « Front Laïque » ; un Congrès eut lieu le 27 décembre 1936, réunissant 150 délégués de groupements maçonniques ; on y vit des francs-maçons de marque : le F∴ Brenier, Président de la Ligue de l'Enseignement ; le F∴ Charles Pivert, le F∴ Marcel Giron, le F∴ Cohen dit Fabius de Champville et les camarades Albert Bayet, Professeur à l'École des Hautes-Études, conférencier en Loges, Gaston Veil, directeur du *Populaire* de Nantes, André Delmas, secrétaire général du Syndicat des Instituteurs, etc...

Le Ministre de l'Éducation Nationale, le Juif F∴ Jean Zay vint assister à ce Congrès et apporta aux Congressistes le salut du Gouvernement ; il promit de donner satisfaction aux revendications du Front Laïque, revendications qui consistaient surtout en mesures destinées à combattre le Catholicisme et l'Enseignement Libre, et à réclamer l'institution du monopole de l'Enseignement.

Perceau tenait une rubrique de combat laïque dans l'hebdomadaire *La Lumière* des Juifs, Goldenberg dit Boris, Weiskopft dit Georges Gombault et du Camarade Albert Bayet.

Fédération Nationale des Comités d'Action et de Défense Laïque.

A côté du Front Laïque, il existait une Fédération Nationale des Comités d'Action et de Défense Laïques de France et des Colonies, essentiellement maçonnique et à laquelle le Conseil de l'Ordre du Grand Orient de France avait donné son adhésion ; cette Fédération se proposait de réaliser la laïcité complète de l'État dans tous les domaines ; ses dirigeants étaient tous FF∴, tels le Secrétaire G. Grelois, le Trésorier M. Zalkind, et les FF∴ Longuet, Vraïn, Paul Regnot, Michel Garnier-Thenon, Cotereau, Tard, H. Petit, R. Priou, Borries, R. Frion.

Union Rationaliste.

L'Union Rationaliste avait pour but de répandre dans le grand public les doctrines philosophiques et scientifiques de la Maçonnerie ; de nombreux conférenciers en loges faisaient partie de son Comité d'Honneur et de son bureau tels le professeur F∴ Charles Richet, le professeur Langevin, le Secrétaire général Albert Bayet, le F∴ Gagnepain, le F∴ Emile Glay, le F∴ André Berthelot, le F∴ Firmin Gémier, le F∴ Albert Pinto, le F∴ J.-M. Lahy, le Professeur Camille Bouglé, conférencier en loges, le F∴ H. Pieron, etc...

Cartel de salut social.

Un cartel de salut social s'adressait à tous les membres de l'Enseignement pour réclamer d'abord la gratuité de l'Enseignement et ensuite le monopole ; ce cartel, essentiellement maçonnique, distribuait dans le monde profane un tract d'allure anodine pour mieux capter les universitaires; le bureau de ce cartel était entièrement composé de FF∴, le Président Emile Perrin, professeur de l'Université et Vénérable d'Honneur de la L∴ Étoile Polaire, les Vice-Présidents Dr Laugier de la L∴ Les Étudiants; Emile Pignot de la L∴ Francisco Ferrer; Vital Lacaze de la L∴ La Justice; le Trésorier Léon Maximin de la L∴ Persévérance et le Secrétaire général Paul Abeloos de la L∴ Persévérance.

Les Compagnons de l'Université Nouvelle.

Cette association « pro-maçonnique » fut fondée par un groupe de francs-maçons; elle avait pour but « Le groupement de toutes les volontés, de toutes les initiatives, et de tous les efforts dans une action tant centralisée que régionaliste, en vue de réaliser l'Université nouvelle et démocratique, fondée sur l'égalité de tous devant l'instruction, sur l'école unique... »

> « La propagande la plus active au sein et en dehors de l'Université en vue d'entraîner l'opinion et le Parlement vers la réforme totale de l'Enseignement... »

— Nous ajouterons, nous, vers le monopole.

Son Président était le Professeur Paul Langevin, conférencier en Loges, Vice-Président du Comité Central de la Ligue des Droits de l'Homme, Fondateur du Comité de Vigilance des Intellectuels anti-fascistes, etc., les Vice-Présidents en étaient le F∴ Georges Grelois et la S∴ Alice Jouenne de la L∴ Agni (Adoption), le Secrétaire général était le F∴ Maurice Weber; de nombreux FF∴ faisaient partie du Comité, tels que les FF∴ Marceau Pivert, R. Paty, Le Corvée, etc...

CHAPITRE VI

ŒUVRES POSTSCOLAIRES ET PÉRISCOLAIRES

> *Vous savez quel est le danger qui nous menace dans la génération de demain. La plupart des jeunes gens et des jeunes filles sont dans la main de nos adversaires, aussitôt qu'ils ont quitté l'école.*
> *C'est une situation qui appelle notre attention et nos efforts immédiats. Je crois donc clairement que l'étude de l'organisation postscolaire est la plus urgente de toutes, car c'est elle qui nous permettra de former les maçons et les républicains de demain.*
> (Convent G ∴ O ∴ 1925, p. 367.)

La Franc-Maçonnerie ne se bornait pas à exercer son influence à l'intérieur de l'école laïque; elle voulait que toute la vie de la jeunesse, depuis l'enfance jusqu'au régiment, soit sous son contrôle direct; à ce sujet les aveux maçonniques abondent:

« Il faut, au surplus, éviter que le curé puisse prendre l'enfant à douze ans. Puisque l'intérêt de l'enfant et celui de l'école laïque sont d'accord, faisons la propagande nécessaire pour que la scolarité soit prolongée au moins jusqu'à quinze ans. Le Labour Party l'a fait en Angleterre. Il faut que nous le fassions. Il est inadmissible que nous abandonnions l'enfant, alors que nous n'avons pu encore lui inculquer des idées civiques. On ne fait pas un citoyen à douze ans. »

(Convent G∴ O∴ 1924.)

« Les Maçons ont un merveilleux champ d'activité dans l'enfance. Tout autour de vous, fouillez la conscience des petits. Incitez les parents à faire quelques sacrifices pour les instruire et surveillez leur instruction. Vous serez certains de ne jamais perdre votre temps, et vos efforts seront rarement vains.

« Donc, avant de songer à propager notre morale à l'extérieur, il faut d'abord nous préoccuper des enfants et des jeunes gens, qui, plus tard, deviendront des membres actifs de ces groupements. »

(Convent G∴ O∴ 1931, p. 103-104.)

« Je me permets de vous rappeler, mes F∴, qu'il y a deux ans, à cette même tribune, j'attirais votre attention sur la nécessité d'intensifier notre action en ce qui concerne l'éducation de la jeunesse.

« Cette année, notre F∴ Brenier lançait, à son tour, le même cri d'alarme. Il vous a montré dans toutes vos provinces, aussi bien qu'à Paris d'ailleurs, les organisations cléricales de plus en plus florissantes et mettant leur emprise sur les cerveaux de nos jeunes gens, de nos électeurs, de nos citoyens républicains de demain. »

(Convent G∴ O∴ 1925, p. 335.)

Comme on le voit, la jeunesse était la préoccupation essentielle de l'activité maçonnique, parce que, par elle, la

Franc-Maçonnerie espérait pouvoir maintenir sa domination politique sur la Société; il s'agissait uniquement de former le citoyen de la République maçonnique:

> « Mes FF∴, je m'excuse d'avoir retenu votre attention aussi longtemps, mais le problème est prenant pour qui a consacré sa vie à l'éducation de l'enfance et sait que de la solution qu'on lui donnera dépend l'avenir de la République elle-même. »
>
> (Convent G∴ O∴ 1928, p. 140.)

C'est donc afin de ne pas laisser la jeunesse aux mains de ces adversaires que la Maçonnerie engagea les FF∴ à prendre la direction de toutes les œuvres qui, de près ou de loin, s'occupent de la jeunesse et en particulier des œuvres postscolaires et périscolaires; cette pénétration maçonnique était le résultante des décisions des Convents:

> « Dans tous les domaines, nous devons réaliser la projection de la Franc-Maçonnerie, dans le monde politique, littéraire, scientifique, éducatif, dans toutes les associations, les groupements, les courants de l'activité humaine. »
>
> (Convent G∴ O∴ 1928, p. 258.)

> « Nos loges devront s'appliquer à se mêler à la vie profane dans l'intérêt de la République; elles associeront leurs actions à celles des autres groupements qui poursuivent le même but de défense laïque et de progrès démocratique et social: Ligue des Droit de l'Homme, Société de Libre Pensée, Universités Populaires, Patronages laïques, Œuvres postscolaires, Comités politiques où les FF∴, individuellement, iront militer dans les milieux qui les orientent le mieux vers l'idéal de leur choix. »
>
> (Convent 1923.)

> « Que petit à petit... on procède à l'organisation projetée en faisant en sorte que nous, maçons, nous

> puissions nous efforcer de prendre la direction de toutes les œuvres postscolaires laïques, de façon à arriver à une unification qui nous donnerait toute garantie de laïcité pour l'avenir. »
>
> (Convent G∴ O∴ 1925.)

Tout le Convent de 1928 fut consacré à la « création, défense et développement des œuvres postscolaires et périscolaires ». Le Convent constata :

> « Que toutes (les Loges) désirent avoir un personnel enseignant animé d'un véritable esprit laïque et le voir s'intéresser activement aux œuvres post et péri-scolaires avec le concours dévoué et effectif d'amis sûrs de l'école laïque... »
>
> (Convent 1928.)

Ainsi, la Maçonnerie affirmait que l'éducation maçonnique de la jeunesse était la pierre angulaire de la République et que la désaffection de la jeunesse pour l'ordre maçonnique aboutirait à l'extinction de la démocratie par la disparition de ses chefs légitimes, les Francs-Maçons. Pour sauvegarder à la fois le recrutement de la Maçonnerie et l'avenir de la République, il fallait donc mettre la main sur la jeunesse :

> « Vous comprenez maintenant, mes FF∴, pourquoi je vous demande si instamment de devenir les créateurs et les animateurs les plus ardents de toutes les œuvres laïques, seules capables de contrebalancer l'influence et l'activité des œuvres cléricales.
>
> « La Ligue des Droits de l'Homme, le parti radical, le parti républicain socialiste, le parti socialiste, la Franc-Maçonnerie, la Libre Pensée, la Confédération générale du Travail, et, en particulier, le Syndicat National des Instituteurs, devraient se rencontrer au plus tôt et échanger leurs vues à ce sujet...
>
> « Tant qu'à la place du curé, il n'y aura pas l'instituteur, la République et la Laïcité seront en péril. »
>
> (Convent G∴ O∴ 1928.)

« Des sociétés d'amis de l'école seront fondées partout. Elles devront organiser des cercles populaires englobant toutes les formes d'activités postscolaires et créer des coopératives scolaires...

« Les FF∴ MM∴ sont invités à agir, à se mettre à la tête du mouvement de rénovation de ces œuvres et à s'entendre avec toutes les organisations laïques et républicaines pour entreprendre la lutte contre les œuvres cléricales similaires et assurer le succès. »

(Convent G∴ O∴ 1928.)

C'est pourquoi la Maçonnerie s'employa à la création d'œuvres postscolaires et périscolaires. Il s'agissait de s'occuper des loisirs et de l'éducation civique de la jeunesse en fondant des œuvres laïques et républicaines ; le T∴ Ill∴ F∴ Brenier déclara à ce propos :

« Si nous ne le faisons pas, non seulement la jeunesse nous abandonnera, mais nous porterons atteinte au recrutement nécessaire des partis républicains et de la Franc-Maçonnerie.

« Il faut fonder des patronages, des colonies de vacances, des hôpitaux... »

(Convent G∴ O∴ 1930.)

« Nous devons nous associer aux efforts des membres de l'enseignement public et de leurs amis pour créer et développer des œuvres scolaires et postscolaires, appropriées aux besoins des enfants et des adolescents tels que les patronages, les amicales d'anciens élèves, les sociétés sportives de toute nature, les mutuelles, etc...

« Ces efforts devront porter notamment sur les régions les plus réactionnaires de France. »

(Convent G∴ L∴ 1930.)

« Mettant en premier lieu toutes les œuvres laïques et républicaines dont les leviers sont généralement tenus par des Francs-Maçons, et dont la propagande s'identifie généralement à la nôtre, la propagande maç∴ dans le monde profane devra particulièrement s'exercer sur :

« 1° La jeunesse sportive et sur toutes les manifestations du scoutisme, en particulier sur les Éclaireurs de France ;

« 2° Les groupements corporatifs ou les administrations ;

« 3° Les arts, et en particulier, sur les arts mécaniques (cinéma, T.S.F., phonographe) ;

« 4° La jeunesse intellectuelle, dans laquelle nous devons chercher les francs-maçons de demain, capables de continuer l'œuvre de la F∴ M∴ »

(Convent G∴ O∴ 1932.)

Avec l'appui des Instituteurs et du Personnel enseignant, la Maçonnerie était sûre d'arriver à ses fins ; citons encore le F∴ Brenier :

« Les œuvres laïques postscolaires et périscolaires, comme nous les comprenons, ne pourront vraiment réaliser le but vers lequel nous voulons les entraîner, que si nous avons le concours entier et absolu des membres du personnel enseignant de l'Enseignement Primaire d'abord, mais aussi de tous les autres ordres de l'enseignement public, car tous ont envers la laïcité et la République les mêmes devoirs.

« Le devoir de la Maçonnerie est d'intensifier ce que nous appellerons le rendement moral de toutes les œuvres (laïques) et de leur servir de trait d'union. Quelles que soient les tendances et les formules qui ont présidé à la naissance de ces œuvres (que ce soit la Caisse des Écoles, les coopératives, l'association de défense laïque, l'Union rationaliste, la Ligue des Droits de l'Homme, les Éclaireurs de France, l'Heure Joyeuse, la Société d'Étude des forces de la nature, etc) le devoir du franc-maçon est de prendre place dans ces formations pour assurer d'une façon certaine le maintien de l'esprit laïque et combattre toute infiltration réactionnaire ou cléricale. »

(Convent G∴ O∴ 1932.)

Un des derniers Convents du G∴ O∴ avant la guerre, en 1935, constatait que l'école publique était toujours attaquée et que les principes de laïcité» qui sont à la base du régime républicain, ne cessent d'être mis en discussion» affirmait que les maçons «doivent surtout, et avant tout, compter sur eux-mêmes et sur les vrais laïques pour assurer le développement constant de l'œuvre scolaire et postscolaire ébauchée par la IIIe République». Le Convent souhaitait que tous les efforts «soient fournis en pleine entente entre tous les défenseurs de la Laïcité dans un désir formel de cohésion et d'unité, au sein de la Ligue de l'Enseignement devenue la Confédération générale des œuvres postscolaires.»

Ce plan s'était réalisé, puisque nous avons vu la puissance de cette dernière Confédération; grâce au concours des instituteurs et des membres de l'enseignement maçons, les FF∴ devinrent les animateurs les plus ardents de nombreuses œuvres: Œuvre des Patronages Laïques de France, Fédération Laïque des Œuvres de Vacances, Caisse des Écoles, Éclaireurs de France, etc...

Nous allons dire quelques mots sur quelques-unes d'entre elles:

Œuvre des Patronages Laïques de France.

Les dirigeants en étaient les FF∴ Léon Léger, 33e; et Grandigneaux; dans une lettre à tous les Vénérables de Loges, le F∴ Léger écrivait:

> «L'Œuvre des Patronages Laïques de France est l'œuvre de la Franc-Maçonnerie et dont la direction et l'administration demeurent exclusivement entre ses mains.»

Le F∴ Arthur Groussier, Président du Conseil de l'Ordre du G∴ O∴ était Président d'honneur de cette œuvre; de nombreux patronages existaient dans les arrondissements de Paris et dans les villes de province. Le Patronage laïque du XXe arrondissement, par exemple, qui avait pour Président d'honneur M. Walter, Maire du XXe arrondissement;

MM. Boulan et Polin, inspecteurs de l'Enseignement Primaire ; Mme Boyer et Mlle Berthelet, inspectrices de l'Enseignement Primaire, avait pour Président effectif le F∴ André Crémieux, vénérable d'honneur de la L∴ La Persévérance, O∴ de Paris. Ce patronage se flattait d'avoir, pendant l'année scolaire 1937-1938, groupé plus de 47.000 présences d'enfants les jeudis et dimanches, et collaboré avec la Caisse des Écoles de l'Arrondissement à l'organisation d'une colonie de vacances à Mers-les-Bains où 800 enfants avaient été rassemblés.

Fédération Laïque des Œuvres de vacances.

Le Syndicat National des Instituteurs, dont nous avons démontré l'inspiration marxiste et maçonnique, exerçait la mainmise sur l'enfance et la jeunesse françaises ; la Fédération Laïque des Œuvres de Vacances fondée par lui était surtout un organisme de propagande et de combat laïque ; son président était Théodore Steeg, ses vice-présidents les maçons ou maçonnisants Brenier, Delmas, Sorre, Bothereau, Rauzi, et Mme Chocarne ; son secrétaire général était le F∴ Georges Lapierre ; la Fédération avait installé son siège au Musée Pédagogique, 29, rue d'Ulm.

Les noms de M. Steeg et de M. Brenier, ainsi que du F∴ Lapierre, des représentants de la C.G.T. et de la Ligue de l'Enseignement, sont particulièrement évocateurs de ce que pouvait être l'action de cette Fédération.

C'était la Maçonnerie et le Marxisme préposés à l'éducation postscolaire toute entière.

Caisse des Écoles.

La Maçonnerie avait réussi dans bien des cas à mettre la main sur les Caisses des Écoles, organismes, on le sait, destinés à aider l'école et les enfants nécessiteux ; officiellement, ces Caisses devaient aider les écoles libres au même titre que les écoles laïques, mais les maçons veillaient à avantager seulement l'école laïque. Ainsi, dans le 17ᵉ arrondissement de Paris, les FF∴ Dyard et Sénéchal régnaient en maîtres à la Caisse des

Écoles et en étaient arrivés à faire trembler la Municipalité modérée de l'arrondissement.

Musée Pédagogique.

Les maîtres appelés à enseigner et les Inspecteurs d'Académie étaient réunis périodiquement pour des cours pédagogiques au Musée Pédagogique, 29, rue d'Ulm. Ce Musée était dirigé par le F∴ Louis Ripault, militant du Front Populaire; les cours étaient organisés par les collaborateurs immédiats du F∴ Jean Zay, dépositaires fidèles de l'orthodoxie marxiste tels que le juif Abraham, les maçonnisants Monod, Masbou et Abry.

Semaines de Défense Laïque.

Des semaines de défense laïque étaient organisées dans le but de fournir aux loges maçonniques des conférenciers sur les questions soulevées par la laïcité et la défense de l'idéal maçonnique et républicain; le secrétaire général de ces Semaines était le F∴ G. Vial-Mazel, de la L∴ La Clémente Amitié; ces Semaines étaient organisées avec le concours et sous les auspices de la Ligue des Droits de l'Homme, la Ligue de l'Enseignement, le Grand-Orient de France, la Grande Loge de France, la Fédération des Jeunesses Laïques et Républicaines, la Fédération Française de la Libre Pensée, le Syndicat National des Instituteurs, le Parti Radical et Radical-Socialiste, le Parti Socialiste français et Républicain Socialiste.

Orphelinat maçonnique.

Celui-ci, situé 19, rue de Crimée, à Paris, s'intéressait particulièrement à l'enfance; il organisait des matinées enfantines (l'une fut présidée par le F∴ ministre Marc Rucart), des garderies, des colonies, etc...

Union des Jeunesses Maçonniques.

Ce groupement appelé aussi «Clarté» se tenait 7, rue Saulnier, dans l'immeuble même du Grand Orient, il avait pour but de grouper les fils des FF∴ dans des colonies de vacances et dans les Auberges de la Jeunesse ; en 1939, son président était le F∴ André Schiltges.

Fraternité des lowtons de France.

Ce mouvement appelé aussi « Fidelitas » était un mouvement scout maçonnique, d'ailleurs truffé de juifs. Nous avons sous les yeux un bulletin de cette association en 1936 nous y relevons les noms suivants : Alévy, Judenson, Rosemberg, Barbasch, Blonn, Waltzman, Katz, Koch.

Les Éclaireurs de France.

La Ligue Maçonnique de l'Enseignement avait un auxiliaire précieux dans le mouvement des Éclaireurs de France, présidé par M. Marcel Chatelet, créature du juif F∴ Jean Zay, et directeur de l'Enseignement du Second Degré. De nombreux FF∴ faisaient partie du Comité Directeur de la Fédération des Éclaireurs ; M. Chatelet comptait beaucoup sur les Éclaireurs pour former les moniteurs laïques des colonies de vacances ; ainsi, ce grand mouvement de jeunesse était sous l'influence directe de la Maçonnerie.

CHAPITRE VII

LES FRANCS-MAÇONS DE L'ENSEIGNEMENT

> *Je prétends que si nous identifions l'idée de la République, avec l'idée de la Maçonnerie, nous avons en premier lieu l'impérieux devoir de noyauter les Ministères et les Administrations.*
> (Convent G ∴ O ∴ 1929, p. 183.)

a) A l'Université de Paris.

La Maçonnerie avait réussi à gagner à elle quelques grands noms de l'enseignement et de la science, qui conférenciaient en loges, et qui lui étaient tout acquis et tout dévoilés, un Camille Bouglé, directeur de l'École Normale Supérieure, un Paul Langevin, professeur au Collège de France, un Charles Richet, président de l'Académie de Médecine, un Paul Rivet, directeur du Muséum, un Alain, écrivain et professeur ayant une grande influence sur ses élèves, un Albert Bayet, un Charles Gide, un Jean Perrin, sous-secrétaire d'État à la Recherche Scientifique, un Lapique, professeur à la Sorbonne et F∴ M∴ (33ᵉ).

L'Annuaire de l'Université de Paris, pour l'année scolaire 1942-43, donne la liste du personnel enseignant et administratif près les Facultés de l'Université de Paris, du Collège de France, du Muséum d'Histoire Naturelle, de l'École Pratique des Hautes Études, de l'École Nationale des Chartes et de l'École Nationale des Langues Orientales Vivantes; dans cette liste, nous relevons le nom des maçons et maçonnisants suivants:

Bach Paul, maître de conférences à la Faculté de Pharmacie; Bazouin Albert, professeur au Lycée Janson de Sailly, chargé de cours à la Faculté des Lettres (18ᵉ grade); Blachère Régis, professeur à l'École des Langues Orientales; Bonnerot Jean, conservateur de la Bibliothèque de l'Université; Borel Emile, membre de l'Institut, directeur honoraire de l'École Normale Supérieure (le professeur Borel était membre de la Ligue des Droits de l'Homme, du Comité Francisco Ferrer, et maçonnisant); Croze Charles, professeur à la Faculté des Sciences; Deny Jean, professeur à l'École des Langues Orientales; Dumézil Georges, directeur d'études à l'École des Hautes Études; Fallot Paul, professeur au Collège de France (18ᵉ grade); Gagnepain, sous-directeur des Laboratoires au Muséum; Geloso Max, maître de conférences à la Faculté des Sciences; Hérubel Marcel, assistant à la Faculté des Sciences; Honnorat, sénateur, ancien ministre, président de la Société « Les Amis de l'Université de Paris »; Joliot-Curie Frédéric, professeur au Collège de France, membre du Comité Central de la Ligue des Droits de l'Homme et du Comité d'Action antifasciste et de Vigilance, maçonnisant; Labrousse Ernest, directeur d'études à l'École des Hautes-Études; Labry Paul, professeur à la Faculté des Lettres; Lahy Jean-Maurice, directeur d'études à l'École des Hautes Études (33ᵉ grade); Lauffenburger Jules, professeur à la Faculté de Droit; Lefebvre Georges, professeur à la Faculté des Lettres; Legendre René, directeur de laboratoire à l'École des Hautes Études; Lemaître Fernand, professeur à la Faculté de Médecine; Lionnet, secrétaire de la Faculté de Pharmacie; Michaud Félix, assistant à la Faculté des Sciences; Montagne (Mlle·), membre de la Société Théosophique de France; Pacaud André, secrétaire de la Faculté des Sciences; Picard Roger, professeur à la Faculté de Droit, vice-président du Comité Central de la Ligue des Droits de l'Homme, maçonnisant; Pieron, professeur au Collège de France, membre du Comité de l'Union Rationaliste, maçonnisant; Prenant Marcel, professeur à la Faculté des Sciences, membre du Comité d'Action antifasciste et de Vigilance, collaborateur à l'*Humanité*, maçonnisant; Richet Charles, professeur à la Faculté de Médecine, président de l'Académie de Médecine; Rivière Georges-Henri, professeur à l'École du Louvre (conférencier en loges); Ruellan Francis, professeur à la Faculté des Lettres; Sauvageot Aurélien, professeur à l'École des Langues Orientales; Vermeil Edmond, professeur à la Faculté des Lettres (conférencier en loges).

b) Les éducateurs en loges.

Il nous faut signaler également les membres de l'Enseignement, qui, sans être maçons, ont fait des conférences en Loges. Ce sont:

MM. Paul Alphandéry, directeur d'études à l'École des Hautes Études; Jean Bathellier, professeur à la Faculté des Sciences de Paris; Albert Bayet, professeur à l'École des Hautes Études, vice-président de la Ligue des Droits de l'Homme, secrétaire général de l'Union Rationaliste, co-auteur d'une brochure éditée par le Groupe Frat ·. de l'Enseignement: «*Qu'est-ce que la Laïcité?*»; Beauson, professeur; Edmond Besnard, professeur au Collège Chaptal, secrétaire de la Mission Laïque Française; Émile Bouvier, professeur à la Faculté des Lettres de Montpellier; Bracke (de son vrai nom Desrousseaux), professeur à l'École des Hautes Études; Calvé, professeur agrégé d'histoire au Lycée de Rouen; César Chabrun, ancien ministre, professeur à l'École des Hautes Études; Marc Cohn, chargé de cours à l'École des Hautes Études; Dufrenne, professeur agrégé de l'Université; René Dumont, maître de conférences à l'Institut Agronomique ; Albert Einstein, professeur au Collège de France ; Henri Frossard, professeur à l'École des Hautes Études ; Jean Galtier, professeur ; Charles Gide, professeur ; Kauck, directeur-adjoint du Musée Pédagogique, Président du Comité d'Études et d'Action Laïque de la Fédération des Œuvres Laïques de la Seine ; Paul Haury, professeur d'histoire au Lycée Condorcet ; Jacques Keyser, professeur à l'École des Hautes Études, vice-président du Parti Radical, membre du Comité Central de la Ligue des Droits de l'Homme ; Labouesse, professeur agrégé de l'Université de Paris ; Lacombe, professeur de philosophie au Lycée St-Louis et au Lycée Louis-le-Grand ; Paul Langevin, professeur au Collège de France, membre de l'Institut ; H. Laugier, professeur au Conservatoire National des Arts et Métiers ; Albert Mathiez, chargé de cours à l'Université de Paris ; Edgar Milhaud, professeur d'Économie Politique ; Obry Henry, professeur ; Roland Piétri, agrégé de l'Université ; Georges Potut, député de la Nièvre, professeur à l'École des Hautes Études ; E. Rabaud, professeur à la Faculté des Sciences ; G.-A. Richard, docteur, professeur à l'Institut d'Éducation Physique de la ville de Paris ; Charles Spinasse, député de la Corrèze, ancien ministre du Budget, professeur au Conservatoire des Arts et Métiers ; Edmond Vermeil, professeur à la Sorbonne.

c) Les Loges et l'Enseignement.

La Maçonnerie dirigeait l'Enseignement ; elle y avait aussi placé ses créatures. Le nombre de membres du corps enseignant qui étaient maçons est impressionnant.

Donnons seulement un exemple ; ainsi en 1939, il y en avait 11 sur les 33 membres du Conseil de l'Ordre du Grand Orient de France et dans la même Obédience, 150 vénérables de loges étaient inspecteurs d'Académie, directeurs d'école, professeurs ou instituteurs sur les 435 vénérables président aux travaux des loges de France et des Colonies.

Bien entendu, les Loges maçonniques accordaient une grande place aux questions de l'Enseignement dans l'ordre du jour de leurs tenues. Pour la région parisienne, nous trouvons

La fausse ÉDUCATION NATIONALE

en 1932, 64 conférences sur la question — en 1933, 201 — en 1934, 40 — en 1935, 192 — en 1936, 67 — en 1937, 43 — en 1938, 45.

On sait que chaque année, le Convent décidait de mettre à l'examen des Loges trois questions ; en 1933, une des questions à étudier par les Loges porta sur « **Les droits respectifs de l'État, de la Famille et de l'Enfant en matière d'éducation** ». En 1935, une des trois questions étudiées fut « L'École Laïque en péril », ce qui explique le nombre plus élevé de conférences sur ces questions pour les années 1933 et 1935.

Nous n'en finirions pas de citer toutes les conférences qui eurent lieu en Loges depuis 1932 et traitant de l'école ; naturellement, les ténors donnèrent de la voix ; ainsi le T∴ Ill∴ F∴ Brenier parla le 16 octobre 1933 à la L∴ « 1793 » des « Œuvres postscolaires laïques et de la Ligue de l'Enseignement ». Le 3 mai, de cette même année, à la L∴ Vers l'Émancipation, de Versailles, le F∴ Mornay parlait du livre de Marcel Déat : « L'École Unique ». Le 7 décembre, le F∴ Charles Riandey à la L∴ La Nouvelle Jérusalem, parlait de la « Franc-Maçonnerie et des Jeunes ».

En 1934, le F∴ B., ancien sénateur, à la L∴ Liberté par le Travail, de Mantes-sur-Seine, parlait de « L'Action maçonnique par l'Éducation Laïque de la Jeunesse ».

Le 16 décembre de cette année, à la L∴ Étoile Polaire, 71 bis, rue la Condamine, le F∴ Émile Glay discourait sur le sujet suivant : « **Comment sauver l'œuvre scolaire de Jean Macé et de Jules Ferry ?** ».

Le 7 février 1935 à la L∴ Les Travailleurs, le F∴ Jattefaux, directeur d'école, parlait de « La Défense de l'École Laïque » ; le 8 mai 1935 à la L∴ La Franche Amitié, le F∴ Schiltges entretenait les maçons de « L'École Laïque en péril » ; un F∴ traitait le 26 mai à Château-Thierry à la L∴ Jean de la Fontaine, de « L'Œuvre des Patronages Laïques de France » et le 19 juin à la L∴ Étoile Polaire, le F∴ Georges Lapierre, du Syndicat des Instituteurs, parlait de « L'Instituteur et la Nation ».

En 1936, le 18 février, à la L∴ Charles Magnette, le F∴ Glay parlait de « Pourquoi la réforme des Écoles Normales ? ». Au cours de cette même année, nombreuses conférences faites par des FF. », afin d'examiner ce sujet : « **Le projet de réforme des Écoles Normales met-il la Laïcité en péril ?** ».

En 1937, le 28 janvier, tenue blanche de la L∴ « Les Zélés philanthropes », au cours de laquelle le F∴ Jattefaux parle de « **L'Éducation en régime collectiviste** » ; le 14 mars de cette même année, grande tenue blanche fermée organisée par 21 loges au cours de laquelle le F∴ R. Paty, directeur d'école, vénérable de la L∴ Étoile Polaire, chef-Adjoint du Cabinet du Ministre, le F∴ Jean Zay, parle de « **La réforme de l'Enseignement** » ; le 7 juin 1937, la L∴ Agni se demande « **Quel rôle jouera la Maçonnerie dans le projet de la réforme de l'enseignement** ». Le 12 octobre de la même année, à l'Exposition Internationale, sous les auspices de l'Orphelinat maçonnique, le F∴ Brenier parle de « **La Franc-Maçonnerie dans l'Éducation Populaire** ».

En 1938, le F∴ Paty déjà nommé, et investi de ses fonctions officielles, se multiplie dans les Loges pour parler de « **La Réforme de l'Enseignement** » ; le 8 mars de cette même année, à la L∴ Platon, le F∴ Giron, du Syndicat National des Instituteurs, parle lui aussi, de « **La Réforme de l'Enseignement** » ; le 30 mars, à la L∴ Eleusis, le F∴ Rebex (contrôleur du bureau de poste 98 à la Bourse) et le F∴ docteur Pierre Vachet parlent de « **La Défense Laïque et du Monopole de l'Enseignement** ».

Et nous ne parlons pas des innombrables tenues de Loges consacrées à « L'École Laïque en danger », « L'École Laïque en péril », « La Réforme des Écoles Normales », « La Réforme de l'Enseignement », « Les Œuvres Postscolaires », « La Franc-Maçonnerie et l'Enseignement », etc…

CHAPITRE VIII

LES MANUELS SCOLAIRES ET LEURS AUTEURS

> *Il y a deux histoires : l'histoire officielle, menteuse, qu'on enseigne « ad usum Delphini » ; puis l'histoire secrète, où sont les véritables causes des événements, une histoire honteuse.*
>
> BALZAC (Illusion perdue).

Il y a environ dix ans, un journal ouvrait une enquête sur « Le sabotage de l'Histoire de France ». Il faisait interviewer, non seulement les principaux membres de l'Académie et de l'Institut, mais encore M. Poincaré, la Maréchale Foch, les Maréchaux Lyautey, Franchet d'Esperey et Pétain, des Universitaires, des Ecclésiastiques, des Pasteurs, etc... Tous, ou à peu près, s'accordaient pour reconnaître que les histoires officielles mises entre les mains des écoliers et des étudiants étaient infestées d'esprit partisan.

Le pire, c'est que depuis cette enquête, l'anarchie démocratique aidant, nous avions, là comme ailleurs, fait quelques progrès. Après l'histoire, la littérature, la géographie, les livres de lecture et de morale, en un mot presque tous les manuels scolaires, étaient à leur tour accommodés à la sauce judéo-maçonnique.

Rien d'étonnant à cela. Sait-on comment, avant la loi du 23 août 1940, étaient choisis les livres de classe ?

Au lieu d'attribuer à l'autorité d'un collège de grands historiens et de maîtres éclairés, le soin de discerner les livres les plus indiqués pour la formation de la jeunesse, un décret de 1914, encore en vigueur à la veille de notre défaite, laissait ce soin à des comités de cantons composés d'Inspecteurs d'Académie, d'Inspecteurs Primaires et de Délégués Cantonaux. Une commission, de chef-lieu transmettait à l'étage supérieur son choix au recteur. Si le recteur refusait d'entériner une sélection, il devait en référer au ministre qui ne devait statuer qu'après avoir sollicité l'approbation du Conseil Supérieur de l'Instruction Publique.

Enfin, la F∴ M∴ elle-même ne dédaignait pas d'émettre son avis sur la question, sinon de manifester des désirs qui, pour les hauts fonctionnaires de l'Enseignement, étaient le plus souvent des ordres.

Au Congrès des Loges Écossaises du Sud-Est et du Centre, tenu à Marseille en 1913, un certain F∴ Platel, présenta, par exemple, le vœu suivant reproduit par le Bulletin Officiel de la G∴ L∴ D∴ F∴ d'avril 1913 :

Tenue du jeudi 27 mars 1913 (après-midi)

Les Manuels Scolaires.

Vœu présenté par le F∴ Platel.

Le Congrès :

Considérant que l'Enseignement laïque répond à une nécessité des temps modernes ;

Que la Religion, mode de discipline morale autrefois puissant, perd de plus en plus de son efficacité dans une société qui évolue sans cesse vers le rationalisme;

Affirmant son respect des opinions et des croyances;

Estime que les écoles de l'État doivent enseigner une morale sociale, morale vraiment laïcisée, respectueuse du droit de croire ou de ne pas croire, et émet le vœu que les programmes et manuels scolaires soient définitivement débarrassés de toute conception métaphysique.

Adopté.

Même en connaissant les dessous de cette surprenante méthode, on peut difficilement imaginer le nombre d'erreurs que contenaient certains livres, non seulement dans les appréciations et les jugements, mais encore dans les faits et les dates.

Commençons, par exemple, par citer les cours d'histoire, puisque c'est dans ceux-là qu'on relève le plus d'idées fausses.

Le livre de MM. Guiot et Mane, place en 1832 les découvertes de Champollion, lequel à cette date, était mort depuis 50 ans. Il situe au XIIIe siècle Étienne Dolet, qui mourut le 8 août 1546. Il fait monter sur le trône en 1620 Jacques Ier d'Angleterre, qui succéda en réalité à Elisabeth en 1603. L'avènement de Charles II d'Espagne est reporté de 1665 à 1690. Les auteurs prennent le muezzin pour un prêtre musulman et transportent d'Erfurt à Dresde l'entrevue de Napoléon et d'Alexandre Ier. Les mêmes écrivent plus loin : « *Au moyen âge, sur les chemins, les forts saisissaient les faibles, les déchiraient et les mangeaient. Quelqu'un présentait un fruit à un enfant, il l'attirait à l'écart pour le dévorer.* » Et toujours dans le même livre, cette perle dont on apprécie aujourd'hui toute la saveur : « *Au beau jour du baccalauréat, les parents bénissent la République qui apporte un avenir inespéré à leurs fils.* »

Dans un autre livre d'Histoire de France à l'usage des jeunes enfants, le dernier chapitre consacré aux relations internationales, se termine ainsi : « *Évidemment, il faut aimer la*

France, mais avant tout, il faut aimer la S.D.N. qui empêchera toujours la guerre... » Les gosses de France, dont le père est mort en 1939-40, ou est actuellement prisonnier dans un stalag, doivent, en effet, porter la Société des Nations dans leur cœur...

Le livre destiné aux élèves du cours moyen (1ᵉʳ et 2ᵉ années) qui était encore en usage en 1941 dans plusieurs départements français, contient ces formidables âneries :

Il paraît que, sous les seigneurs, « *on mangeait de l'herbe, ou les écorces d'arbres, ou n'importe quoi. Même on déterrait les morts pour les manger. Des hommes mourant de faim tuaient d'autres hommes pour se nourrir de leur chair.* » Cela est écrit en toutes lettres à la page 31.

Et voici la conclusion, page 165 : « **La République a fait pour la Patrie plus que François Iᵉʳ, Henri IV, Louis XIII et Louis XIV.** »

Celui du cours supérieur, 2ᵉ année, laissera également nos lecteurs quelque peu ahuris.

On peut y lire dans la nomenclature des « grands hommes d'État », avec Waldeck-Rousseau, Jaurès (comme « homme d'État », c'est assez réussi) avec Gambetta, Jules Ferry, Clemenceau et Poincaré, le nom de Blum. Il est de ceux *« qui ont rendu la République plus forte et plus glorieuse »*. L'œuvre de Blum occupe une page, mais chacun des autres ne bénéficie que d'une brève allusion de quelques lignes. Clemenceau et Poincaré s'adjugent six lignes à eux deux.

Les auteurs de cette Histoire de France sont, l'un Inspecteur d'Académie, et l'autre Directeur d'École Normale : tel est l'Enseignement Officiel de la république judéo-maçonne ! Ils ont même le culot de préciser qu'ils s'adressent à des élèves de 12 à 14 ans, et qu'ils ambitionnent d'évoquer à leurs yeux « **l'admirable ascension de l'humanité vers le mieux être, la justice et la paix.** »

Le livre du sinistre Brossolette, à l'usage des élèves du certificat d'études, qui a heureusement été interdit par décret en février 1941, est également savamment combiné pour intoxiquer le cerveau des jeunes écoliers.

La fausse ÉDUCATION NATIONALE

Voici, par exemple, son opinion, toute personnelle, sur les corporations : « *Malheureusement, pour devenir maître à son tour, l'ouvrier, même très habile, était obligé de verser une grosse somme d'argent et d'exécuter le travail difficile qu'on appelait chef d'œuvre* » (p. 27). — « *Les corporations fonctionnent surtout au profit des patrons. Après la Révolution, pour défendre leurs droits et leurs salaires, les travailleurs se groupent en des syndicats...* » (p. 267.)

Ensuite, un procès soigné et partial de l'ancien régime où l'on relève quelques perles dans le genre de celle-ci : « *Les Juifs se voyaient interdire un grand nombre de professions. L'Administration exigeait d'eux un impôt particulier et les obligeait à habiter un même quartier dans les villes. Il y avait des écrivains qui protestaient contre ces abus. Mais la censure condamnait leurs livres, poursuivait et ruinait leurs imprimeurs. Quelquefois, les auteurs, eux-mêmes, étaient mis à la bastille.* » (page 109.)

Le chapitre consacré à Napoléon sue en plein la haine de pions moisis, le complexe d'infériorité de francs-maçons miteux devant cette grande figure : « *En dix ans, l'ambition de Napoléon a fait périr, Français et Étrangers, 6 à 7.000.000 d'hommes. Et ce chiffre est effroyable.* » (Page 197.)

L'Histoire de 3e année, à l'usage de l'Enseignement Primaire Supérieur, rédigé par le juif Isaac et par le démagogue Bejean, déclare, entre autres sottises que, sous le Second Empire « *La France fut soumise à un régime incohérent* » (page 8), que « *L'Affaire Dreyfus n'était en elle-même qu'une grave erreur judiciaire qui faisait suite à une violente campagne antisémite menée par le journaliste Drumont...* »

Pour les mêmes, l'affaire Stavisky n'a jamais existé, et c'est « *la crise économique qui eut pour contre-coup une crise politique* » qui fut à l'origine de « *la formation d'une nouvelle coalition de mécontents et d'une tentative d'émeutes le 6 février 1934.* »

Heureusement que « *le Gouvernement issu des élections et dirigé par le chef du parti socialiste Léon Blum dût faire voter en hâte d'importantes réformes sociales qui ont profondément modifié l'organisation du travail et la condition des travailleurs salariés.* »

Ce qu'il y a de pire, c'est qu'on continue à utiliser, en pleine Révolution Nationale, dans l'Enseignement public, beaucoup de ces manuels dont le moins qu'on puisse dire est qu'ils ne s'inspirent guère de l'esprit nouveau.

Citons, par exemple, l'**Histoire de France à l'usage des écoles primaires**, par l'Universitaire Ernest Lavisse, lequel eut la faiblesse de ne pas vouloir se brouiller avec la République qui l'a tout à la fois comblé et déçu. Ce manuel, réédité en 1942, bafoue les gloires de notre passé et exalte sans mesure les institutions démocratiques du régime déçu. Il s'arrête juste à 1940 et ne souffle mot de la guerre, de la défaite et de l'effondrement de la IIIe République... exactement comme si Albert Lebrun était toujours Président de ladite République.

Les livres de Malet, dont l'apparence est neutre, et qui ont l'avantage d'être extrêmement attrayants, conservent également faveur dans nombre de cours. Malet est mort en bon Français pendant la guerre de 1914-1918 et sa collection a été reprise par M. Isaac, déjà nommé, Inspecteur général honoraire de l'Instruction Publique, qui a fini par la signer de son nom seul. On se doute qu'avec un pareil patronyme, l'auteur ne va pas contre les vues de la judéo-maçonnerie, et les manuels de Malet ont été l'objet de révisions et de corrections qui sont la preuve d'un sectarisme assez avancé.

Nous en avons fini avec les citations de livres d'Histoire ; cette brochure, à elle seule, n'y suffirait pas si l'on voulait les citer tous. Mais que nos lecteurs ne croient pas surtout que ce sont là des exceptions. La plupart des manuels d'Histoire voulant minimiser tout ce qui s'est fait en France avant l'avènement de la République N° 3, portent des jugements comme ceux-ci : Henri IV était un plaisantin ; Louis XIV, un niais sans vertu ; Napoléon, un despote malade ; Charles X, un crétin ; Louis-Philippe, un égoïste et Napoléon III, un incapable. C'est à croire qu'avant MM. Blum et Daladier, la France n'avait jamais été gouvernée que par des imbéciles.

Mais il n'y a pas, nous l'avons dit, que dans les livres d'Histoire que s'exerce cette influence anti-française. En littérature, les recueils de textes choisis qu'on substitue de plus en plus aux textes eux-mêmes sont bourrés de notes tendancieuses. Dans l'édition des *« Pensées »* de Pascal, par M. Léon Brunschwig (encore un vieux Français!), quand le solitaire de Port-Royal dit que le droit de guerroyer ne devrait pas appartenir à un seul homme intéressé, mais à un tiers indifférent, M. Brunschwig s'empresse d'ajouter une note sans à propos : *« Cette pensée profonde de Pascal, jetée ici, en passant, et par manière de boutade, contient le principe de l'arbitrage international qui a déjà reçu en notre temps d'éclatantes consécrations et qui est appelé à transformer le cours de la civilisation. »* Et tout au long des pages de cette même édition des *« Pensées »* on ne peut s'empêcher d'admirer à quel degré y est monté l'art de faire faire fausse route aux jeunes esprits.

Ailleurs, les auteurs étaient jugés d'après les convictions politiques du moment. C'est ainsi que M. Abraham (toujours un Monsieur de vieille souche française, comme par hasard) a écrit que Racine était un méchant auteur, parce qu'il n'a pas mis à la scène les prolétaires de son temps.

Les Fables de La Fontaine n'étaient même pas exemptes de corrections « incorrectes ». Sous prétexte de progrès et de nouveauté, la sottise s'installait ; on ne disait plus *« petit poisson deviendra grand, pourvu que Dieu lui prête vie »* ; le snobisme ridicule de l'anticléricalisme maçonnique corrigeait : *« pourvu que l'on lui prête vie »*.

Dans un livre de lectures que l'on donnait aux enfants des écoles primaires avant la guerre, *« Yvan Gall »*, par M. Gabriel Compayre, on peut lire à la page 231 :

> « Des Juifs, il y en a partout... En voilà un qui passe précisément ; je le reconnais à son teint mat, à son air intelligent, et aussi à la beauté remarquable de la femme qui l'accompagne. Les Juives sont presque toujours belles.
>
> — « Et les Juifs sont presque toujours riches, interrompit Jossic.
>
> — « Oui, parce qu'ils sont presque toujours LABORIEUX, ÉNERGIQUES, ÉCONOMES ET SOBRES. »

En géographie, c'est encore pire. Certains auteurs en sont venus à subordonner la géographie économique d'un pays à leurs antipathies ou à leurs préférences politiques, sans égard, ou presque, pour la vérité.

Il faut voir avec quelles nuances de mépris un auteur écrit, par exemple, en parlant de l'Italie : « **C'est un pays pauvre.** »

Pour lui, c'est une tare, et la richesse de l'Empire britannique, pourtant si branlant sur ses bases, couvre tout.

Mais hélas, tous les ouvrages tendancieux n'ont pas été envoyés au pilon.

En consultant les ouvrages scolaires qui sont encore actuellement en vigueur dans les Établissements de l'Enseignement des Universités de Paris, nous avons constaté qu'un certain nombre de ces ouvrages avaient pour auteurs des Francs-Maçons connus.

Au catalogue de la **Librairie Hachette,** nous avons relevé les auteurs suivants, francs-maçons :

Bertaux Félix, auteur d'un cours d'Allemand.
Lepointe Ernest, auteur d'un cours d'Allemand.
Descourtieux André, auteur d'un cours d'Anglais.
Isaac Jules, auteur de nombreux cours d'Histoire.
Séguin Kléber, auteur de Livres de Lectures.
Galloucdec Louis, auteur de nombreux cours de Géographie.
Maurette Fernand, auteur de nombreux cours de Géographie.
Famin Antony, auteur d'un cours de Sciences naturelles ;

au catalogue de la **Librairie Armand Collin :**

Béché Albert, auteur d'un cours de Géographie.
Boutémy François, auteur d'un cours d'Arithmétique.
Joliet Louis, auteur d'un précis de Littérature française.
Martin Pierre, auteur d'un cours de Travail manuel.
Mme Lahy-Hollebecque, auteur de Lectures pour la jeunesse.
Bouglé Camille, auteur de cours de Pédagogie pour les Écoles Normales (il n'était pas F∴ M∴, mais membre du Comité Central de la Ligue des Droits de l'Homme, du Comité du Monument Ferrer, et conférencier, en loges) ;

au catalogue de la **Librairie Fernand Nathan** :

Chariot Charles, auteur d'un cours de Géographie.
Thiédot Jean, auteur d'un Mémento de Géographie.
Eisenmenger Gabriel, auteur de nombreux cours de Sciences naturelles.
Challaye Félicien, auteur de plusieurs ouvrages de Philosophie (il n'était pas maçon, mais conférencier en loges, membre du Comité Central de la Ligue des Droits de l'Homme, du Comité d'Assistance aux victimes du Fascisme Hitlérien, etc.);

au catalogue de la **Librairie Delagrave** :

Toursel Anatole, auteur d'une méthode de lectures.
Jeancoux Gérard, auteur d'un vocabulaire de Langue française.
e Brun Henri, auteur de livres de Leçons de Choses.
Renaud Lucien, auteur d'un cours d'Arithmétique.
Brachet François, auteur d'une Arithmétique appliquée;

au catalogue des **Éditions Bourrelier et Cie** :

Pierre Philippe, auteur d'un ouvrage de Sciences appliquées;

au catalogue de la **Librairie Henri Didier** :

Roustan Mario, auteur d'Extraits choisis de La Fontaine;

au catalogue de la **Librairie Larousse** :

Roudil Marie-Antoine, auteur d'ouvrages de Sciences physiques et naturelles;

au catalogue de la **Librairie Hatier** :

Oria Marcel, auteur de cours de Sciences physiques et naturelles.
Ronze Raymond, auteur d'un cours d'Histoire de France;

au catalogue de la **Librairie Vuibert** :

Pieron Henri, auteur de manuels de Philosophie pour le baccalauréat.
Prévôt Albert, auteur d'un cours de Géométrie cotée.
Petit Pierre, auteur de Manipulations physiques.
Chollet Th., auteur d'un cours de Géométrie descriptible.
Zoretti Ludovic, professeur à la Faculté des Sciences de Caen,

auteur de leçons d'Algèbre, était maçonnisant et antifasciste notoire.

Le F∴ Maurice Chevais est l'auteur de nombreux cours de chant à l'usage des enfants des Écoles de la Ville de Paris.

Rappelons enfin que le F∴ Aristide Quillet, éditeur, a publié une *« Encyclopédie »* sous la direction d'Anatole de Monzie. Le F∴ Quillet, haut maçon de la Grande Loge et du Grand Orient, s'adressait à tous les vénérables de Loges pour leur recommander son ouvrage : *« L'évolution humaine des origines à nos jours »*. Cet ouvrage était édité sous la direction de la S∴ Marie Lahy-Hollebecque, professeur à l'Université, avec la collaboration de maçons connus, tels le Dr Sicard de Plauzoles, J.-M. Lahy et de maçonnisants comme le professeur Paul Langevin, Maurice Gait, Marcel Chatelet, Marcel Boll, André Boll, etc...

Voilà pour les livres de classe, mais ce n'est pas encore tout. Il y a également les livres pour les maîtres. Il fut un temps — que symbolisait le drapeau accommodé à la manière de Zay — où les bibliothèques circulantes de la direction de l'Enseignement, offraient *« Du mariage »* de Blum, comme fondement de l'éducation morale aux jeunes institutrices. C'était également le temps des Revues Pédagogiques, de ces revues nombreuses et variées, chargées de « conseiller » l'instituteur pour l'enseignement de la haine de la Patrie et de la Société. Il le fera, par exemple, en donnant des leçons d'histoire sur « La Grandeur de la Révolution », avec comme lecture « l'admirable page d'Aulard » publiée par la 28ᵉ leçon de *« l'École Libératrice »* en date du 17 mai 1938 ; il pourra également, pendant l'heure de morale, leur lire ce « choix de pensées sur le divorce » publié par la page récréative *(sic)* du *« Manuel Général »* de l'Instruction Primaire, N° 21, du 18 février 1939.

« Le mariage sans le divorce est une machine à vapeur sans soupapes de sûreté. »

(George Sand.)

La fausse ÉDUCATION NATIONALE

« Rien ne contribue plus à l'attachement mutuel que la faculté de divorcer ; on est porté à souffrir plus patiemment une chaîne quand on peut la briser. »

(Montesquieu)

« Le mariage, s'il peut être rompu, en sera beaucoup plus tendre, parce que chacun s'efforcera de le rendre agréable. »

(Jules Simon.)

« Le divorcé est si naturel, que dans plusieurs maisons, il couche toutes les nuits entre les deux époux. »

(Girardin.)

Enfin, à l'appui des leçons d'arithmétique, il donnera aux enfants des problèmes dans le genre de ceux-ci, que nous découpons dans un recueil publié par le Syndicat des Instituteurs Unitaires de l'Hérault :

« I — Un propriétaire a laissé 24.000 francs à la roulette du Kursaal de Sète au cours de sa saison annuelle. Sachant que ce propriétaire occupe 5 ouvriers travaillant environ 250 jours par an à 24 francs par jour, de combien aurait-on pu augmenter le prix de la journée de l'ouvrier avec la plus-value ainsi gaspillée ? »

« II — Il y a sept directeurs de grands réseaux dont les émoluments atteignent pour chacun 500.000 francs par an, et 1.100 hauts placés qui touchent chacun 100.000 fr.

Sachant qu'il y a 200.000 cheminots qui débutent à 8.600 fr. par an, on demande quel serait leur salaire des débuts, si on supprimait tous ces parasites. »

Là encore, d'autres citations seraient superflues. La publication de toutes ces petites « ordures » est heureusement interdite depuis le 5 novembre 1940. Ce n'est pas trop tôt !...

Ce que voulait avant tout la Judéo-Maçonnerie, pour pouvoir régner en maîtresse sur notre France, c'était apprendre au petit

Français la haine des classes et la guerre civile, le détacher de son pays, l'aveugler sur lui-même et lui faire perdre le sentiment de son passé, l'amour de son sol, la fierté de son peuple.

La lutte contre la religion n'a caché, avant tout, qu'une volonté de domination supérieure encore à celle de ce « cléricalisme » qu'on prétendait vouloir combattre.

50 ans de culture libérale et de puériculture académique ont été suffisamment efficaces pour fausser gravement le prisme politique français. Tous les auteurs de livres scolaires, youpinisants, francs-maçonnards et antinationaux, ont la plus grande part des responsabilités dans cette éducation déformante de la masse du peuple français.

Il importe de débarrasser au plus vite toutes les écoles de France et toutes les bibliothèques scolaires de tous ces livres malsains !

CHAPITRE IX

LES JUIFS DANS L'ENSEIGNEMENT

> *Une Université où des Juifs sont tolérés est un marais pontin à assécher.*
>
> HERDER.

Le 21 décembre 1901, la *Libre Parole* de Drumont, publiait en première page l'entre-filet suivant, intitulé « Les treize Juifs de l'Institut » :

« La nomination de l'hébreu Bergson, qui a été nommé samedi dernier en remplacement de M. Ravaison, porte à 13 le nombre de Juifs siégeant à l'Institut.

« Voici, par Académie et Faculté, le tableau des 12 autres fils de Judas :

« *Académie des Sciences :* Maurice Lévy, Loévy, Gabriel Lipmann, Michel Lévy et R. Bichoffsliein, député ;

« *Académie des Inscriptions et Belles Lettres :* Henri Weill, Bréal, Oppert, Reinach Salomon, Hartwig Derenbourg ;

« *Académie des Sciences morales :* Lyon Caen ;
« *Académie des Beaux-Arts :* Alphonse de Rothschild.
« Treize, nombre fatidique. A la place de ces treize hébreux, je ne serais pas tranquille d'ici la fin de l'année. »

On peut se demander quelle aurait été l'indignation de ce même rédacteur de *La Libre Parole* s'il avait vécu en 1936 et s'il avait assisté, comme nous, à l'infiltration continue, progressive, accaparante des Juifs dans l'Enseignement.

C'est, en effet, sous le pro-consulat du juif Jean Zay, ministre de l'Éducation dite Nationale, dans le cabinet Blum, de sinistre mémoire, que date l'invasion juive dans les Universités de France.

La Juiverie Internationale avait compris de longue date toute l'importance qu'il y avait à préparer le goy, dès son enfance, à admettre sans réserve toutes les théories juives et même à en faire le fervent défenseur de la race élue.

C'est pourquoi les treize Juifs dont parlait *La Libre Parole* firent place à des milliers de congénères qui étalèrent sans pudeur leurs cheveux crépus et leur nez crochus derrière les chaires de nos facultés, de nos lycées, de nos collèges, si bien qu'il faudrait aujourd'hui plusieurs volumes pour faire une étude approfondie sur les professeurs juifs et leur action néfaste.

Contentons-nous aujourd'hui, de donner un aperçu des services se rattachant au Ministère et à l'Université de Paris :

A tout seigneur, tout honneur. Dès son accès au pouvoir, le juif Léon Blum donna, comme nous l'avons déjà dit, le portefeuille de l'Éducation Nationale au juif Jean Zay, bien connu pour son amour du drapeau français. Ce ministre était naturellement Président du Conseil Supérieur de l'Instruction Publique, dont le vice-président était le juif Émile Picard, assisté des juifs A. Mayer, L. Spillmann, Ch. Jacob, F. Mossé, Mme Schwab-Sommer, etc…

Parmi les **médecins du Ministère**, on trouve les noms des docteurs A. Bernheim et L. Weiller. Chez les avocats, la proportion est encore plus grande : Mme Germaine Abraham,

Suzanne Blum, MM. Pierre Kraemer-Raine, Benjamin Landowski, Maurice Leven, etc...

L'**École Nationale des Langues** n'était pas moins fournie: Marcel Cohen, Lifzsych, Henri Massé, Jules Bloch, E. Schrameck, Margouliès, Marcel Maiiss, Isidore Lévy, Paul Léon, Jules Bloch, etc...

L'enjuivement était encore plus fort à l'**École Pratique des Hautes Études** où l'on voit les juifs E. Picard, Eugène Bloch, E. Bauer, P. Job, Mlle Weill, Charles Jacob, Robert Lévy, André Mayer, Ephrussi, René Wurinser, ï. Meyerson, Liberson, Weinberg, Raymond Weill, Isidore Lévy, Louis Halphen, Jules Bloch, Fernand Mossé, Marcel Cohen, Marcel Maüss, J. Marx.

L'Administrateur général de la **Bibliothèque Nationale** était M. Julien Caïn, fuyard du «*Massilia*». L'individu chargé de l'Enseignement français à l'étranger était M. Abraham.

Au **Conseil Supérieur de la Recherche Scientifique**, en plus des juifs Zay, E. Picard, André Mayer déjà nommés, on trouvait les non moins juifs J. Drach, P. Lévy, H. Abraham, P. Weiss, R. Wurmser, Ch. Jacob, S. Lévy, H. Hauser, L. Brunschwig, Maüss.

Au **Conseil Supérieur de l'Enseignement Technique**, les juifs G. Huisman, Goldschmidt, F. Mossé, Loebnitz, leur faisaient pendant.

Le juif Henri Lévy-Bruhl enseignait à la Faculté de Droit de Paris l'Histoire du Droit Public Français et le Droit Romain; on y remarquait aussi les juifs Henri Lévy-Ullmann (Droit International Privé), Albert Aftalion (Économie Politique), William Oualid (Législation et Économie Industrielle), Roger Picard (Législation et Économie rurales).

L'Enseignement Technique à la Faculté de Médecine était professé par les juifs Lévy,

B. Weill-Hallé; l'Enseignement clinique par les juifs Maurice Loeper, Edmond Lévy-Solal, Joseph Lévy-Valensi, Émile Alphen, Lobstein.

La Faculté des Sciences n'était pas épargnée : Sciences mathématiques : Jules Drach — Sciences Physiques : Eugène Bloch, Bertrand Goldschmidt, Boris Grinberg — Sciences Chimiques : Paul Job, Irène Joliot-Curie (demi-juive), Roger Lauffenburger, Welter Lévy — Sciences Naturelles : Wurmser, Robert Lévy, Robert May, Robert Weill, Charles Jacob, Albert Michel-Lévy, Pierre Drach.

La Faculté des Lettres était sous l'emprise des juifs Jean Wahl, Léon Brunschwicg, Gustave Coheh, Marc Bloch, Louis Alphen, Henri Bedarida, R. Weill, tandis que l'École Normale Supérieure comprenait les juifs E. Bloch, Robert Lévy, R. Aron, J. Wahl et Marcel Bloch.

Le directeur de l'Institut de Civilisation Indienne était le juif J. Bloch, et celui de l'Institut de Droit Comparé : H. Lévy-Ullmann.

Les **Établissements d'Enseignement Secondaire** de toute la France, et surtout ceux de Paris, étaient de véritables consistoires, au sein desquels les juifs se disputaient les bonnes places.. Voici une liste qui, bien qu'incomplète, montre à quel degré les principaux lycées de Paris étaient enjuivés :

Lycée Buffon, à Paris, professeurs : Histoire, Géographie, suppléant : M. Kantzer ; Grammaire : Jacques Cahen ; Allemand : Léon Lévy ; répétiteur : R. Dreyfus.

Lycée Carnot, à Paris, professeurs : Sciences physiques : Elie Lévy ; Histoire, Géographie, suppléant : A. Weiler.

Lycée Charlemagne, à Paris, proviseur : René Polack ;
Professeurs : Histoire, Géographie : Roger Lévy ; Lettres, Grammaire : Paul Lévy ; Allemand : André Cahen et Gustave Meyer ; Chant : Mlle Marcelle Steinberg.

Lycée Claude-Bernard, à Paris, professeurs : Lettres, Grammaire : Gilbert Mayer, Jacques Nathan ; Allemand, suppléant : J. Stein.

Lycée Condorcet, à Paris, professeurs : Lettres : Pierre Salomon ; Philosophie : Henry Dreyfus.

Lycée Henri IV, à Paris, professeurs : Histoire et Géographie : Alfred Weiler, Henri Brunschwig ; professeur adjoint : Paul Fellmann.

Annexe provisoire Château de Viry, professeurs : Philosophie : Mme M.-H. Meyerson ; Histoire : A. Weiler.

Lycée Janson de Sailly, à Paris, professeurs : Histoire et Géographie : Louis Victor Jacob ; Lettres, Grammaire : Gérald Bloch ; Allemand : Joseph Stein ; aumônier : Rabbin Robert Meyers.

Lycées Louis Le Grand, à Paris, professeurs : Histoire, Géographie, suppléant : R. Lévy ; Anglais : Fernand Mossé ; aumônier : Rabbin J. Kahn ; dames secrétaires : Mme Pierrette Wurmser et Mlle J. Zimmermann.

Lycée Montaigne, à Paris, professeurs : Mathématiques : André Huisman ; aumônier : Rabbin J. Kahn.

Lycée Rollin, à Paris, professeurs : Sciences physiques : Fernand Cohen ; Allemand : Paul Lévy ; Dessin : Alfred Lop.

Lycée Saint-Louis, à Paris, professeurs : Sciences physiques : Théophile Aron ; Allemand, suppléant : A. Cahen ; Italien : Samuel Lattès ; sous-économe : Louis Libert ; aumônier : Rabbin J. Kahn ; dame sténodactylographe : Mlle G. Kaufman.

Lycée Voltaire, à Paris, professeurs : Histoire et Géographie : Et. Weill-Raynal, Marcel Rothschild ; Lettres : Raphaël Dreyfus ; Allemand : Albert Kohn, G. Meyer ; Éducation Physique : Mlle Edith Schwartz.

Lycée Lakanal, à Sceaux, professeurs : André Bloch, Simon Abramovitch, Robert Schnerr ; Mme Berthe Walch.

Lycée Marcelin-Berlhelot, à Sainlt-Maur, professeurs : Georges Politzer, Mlle J. Lévy, Mme Picard-Schmitter, M.-P. Lévy.

Lycée Michelet, à Vanves, professeurs : Marcel Kantzer, Gérard Lyon, A. Cahen, Rabbin Champagne.

Lycée Pasteur, à Neuilly, professeurs : Simon Blum, Edith Schwarts, Louis Champagne, Mme Suzanne Tiberi.

Lycée Camille Sée, à Paris, professeurs : Mme Suzanne Schuck-Marx, Mme Lucienne Cahen, Mlle Marie-Aline Raynal, Mlle Jeanne Luxenberger.

Lycée Fénelon, à Paris, professeurs : Mlle Henriette Leey, Mme M.-H. Meyerzon, Mlle Monique Lippmann, Mlle

Marthe Leir, Mlle Juliette Lévy, Mlle Loer, M. Gérard Lyon, Mme Fuchs, Mlle Germaine Lods, Mme J. Yeil.

Lycée Jean de La Fontaine, à Paris, professeurs : Mlle Andrée Fellmann, Mme Odette Kaan, Mme Germaine Weill, Mlle Th. Bildstein.

Lycée Jules Ferry, à Paris, professeurs : Mlle Adèle Ullmann, Mme Simone Loeb, Mme Marguerite Schwab-Sommer, Mme Suzanne Collette-Kahn, Mlle Marguerite Goelzer, Mlle Marie Bildstein.

Lycée Lamartine, à Paris, professeurs : Mlle Amélie Rouff, Mlle Lambertine Funken ; Mlle Emma Klein.

Lycée Molière, à Paris, professeurs : Mlle Marguerite Glotz, Mlle Marie Speckrl, Mme Andrée Landau, Mme L. Bickard-Picard, Docteur Schreiber, Mlle Georg. Kauffmann.

Lycée Racine, à Paris, professeurs : Mme Sophie Lévy, Mlle Jeanne Lods, Mme Lion, Mlle Denise Wurmser.

Lycée Victor Duruy, à Paris, professeurs : Mme Suzanne Lévy, Mme Reine Gorodetzky, Mlle M. Wackenheim, Mlle Yvonne Samuel, Mme Rachel Lévy.

Lycée Victor Hugo, à Paris, professeurs : Mme Marie Dreyfus-Litzelmann, Mme Emma Lévy-Risser, Mlle Germaine Grumbach, Mlle Renée Lévy, M. Lyon, Mlle Fern. Blum.

Lycée Marie-Curie, à Sceaux, professeurs : Mme Alice Pick-Cohen, Mme Mad. Schnerb-Liedschultz, Mme Hélène Vogel-Cru.

Lycée du Cours de Vincennes, professeur : Mme Madeleine Isaac.

Les Juifs n'étaient pas restés non plus sans jeter leur dévolu sur la **Ligue de l'Enseignement**. Au Cercle Parisien de la Ligue de l'Enseignement, ces Juifs jouaient, comme à l'habitude, le rôle de commanditaires. Ils s'appelaient Léonard, Victor et Adolphe Rosenthal, Robert de Rothschild. Leur argent ouvrait les portes du Cercle à des Juives également riches, mais qu'une soif égale d'activité et d'honneur poussait dans ces commissions, c'étaient Mmes David Weil, Rosenthal, Javal, Dreyfus, Blum et Jean Bloch, et leur compagnie ne répugnait évidemment pas aux Maçons et aux maçonnisants de la Ligue de l'Enseignement.

Ces listes sont évidemment loin d'être complètes. S'il nous fallait dresser celles des Juifs dans l'Enseignement, tant à Paris qu'en Province et aux Colonies, il nous faudrait, nous l'avons dit, plusieurs volumes.

Qu'il nous suffise d'ajouter qu'à l'époque bénie du front juif, dit populaire, il était plus avantageux, si l'on voulait entrer dans l'Enseignement et grimper rapidement les échelons de la hiérarchie, de se faire circoncire que de se faire baptiser!!!

CONCLUSION

Nécessité de rompre avec les tenants de l'ancien régime et de réformer l'enseignement dans un sens véritablement national.

—

> *C'est à l'école que les vertus de la nouvelle France doivent d'abord resplendir.*
> ABEL BONNARD.
> (Lettre aux membres du Corps enseignant - Août 1942).

Ainsi, sous les formes et sous les noms les plus divers, la judéo-maçonnerie tenait en mains toutes les rênes de l'Éducation Nationale, son emprise sur l'École française était totale; les juifs et les Francs-Maçons qui voulaient faire des petits Français les citoyens d'une République néo-soviétique, avaient conquis tous les rouages de l'enseignement public; les ministres de l'Éducation Nationale étaient juifs ou maçons ou maçonnisants, les principaux fonctionnaires de la Haute Administration étaient également juifs ou francs-maçons, les manuels scolaires étaient rédigés par des maçons, les instituteurs étaient en majeure partie inféodés à la Franc-Maçonnerie et au Marxisme.

Sous le masque de la neutralité, on assistait, en vérité, à une scandaleuse partialité. L'école était le reflet de la politique dirigeante et de la pire. Les pères de famille se plaignaient, s'associaient, essayaient de lutter; l'État, loin de les soutenir, se défiait d'eux. C'était la République des beaux parleurs et des j'm'en-foutistes.

Le résultat, on le connaît: malgré la protection constante accordée aux fonctionnaires de l'Éducation Nationale, malgré les milliards dépensés pour la construction de locaux scolaires, le niveau du «primaire» demeura en France, au-dessous du niveau de l'enseignement donné dans la plupart des autres pays européens.

Le Colonel Josse, Président des «Décorés au péril de leur vie» et sénateur, a prononcé jadis, à la tribune du Luxembourg, un discours très courageux sur cette grave question; il lui a même consacré un ouvrage fort documenté. Discours et ouvrage ont été, bien entendu, étouffés.

Maintenant, tout le monde s'accorde pour reconnaître l'immense responsabilité de l'enseignement maçonnique dans la défaite de 40. Tout le monde s'accorde pour dire que l'école laïque, grande pensée de la République N° 3 a trahi l'Histoire, a trahi la pensée et a faussé l'instinct des Français. Elle les a dénationalisés. Elle devait en faire des imbéciles, des ignorants, puis des vaincus.

Pierre Dominique a écrit à ce sujet, au lendemain de l'Armistice, dans le journal *Candide*, un article par lequel il démontre avec juste raison, l'immense responsabilité, non seulement de l'école et de l'enseignement en général, mais encore de l'instituteur en particulier:

> «Durant 40 ans, écrivait-il, 40 bonnes années, 40 ans qui vont de 1900 à 1940, la majorité de ce monde-là, payé ou non, instituteur officiel ou non, a reculé devant

l'enseignement de la vérité ou s'est trompé de bonne foi. Durant 40 ans, ce monde-là n'a point pétri la glaise qui lui avait été donnée, ou bien il l'a mal pétrie, avec des mains molles, sales, indifférentes, ennuyées, ou au contraire avec des mains actives, maigres, dures, mais de sectaires, de fous...

«...Le pédagogue officiel avait, et gardera devant l'Histoire, la part principale des responsabilités. Elle lui est due...»

Le crime est inexpiable, mais le mal n'est heureusement pas sans remède. Certaines mesures de la réforme de l'Enseignement, entreprises par le Maréchal, si elles sont appliquées par des fonctionnaires loyaux et consciencieux, couperont, il faut l'espérer, le mal maçonnique à la racine.

Les bonnes volontés ne manquent pas. Ce qui a manqué jusqu'ici c'est la bonne volonté tout court qui, d'en haut, devrait encourager les instituteurs révolutionnaires-nationaux. En attendant les nouvelles générations d'instituteurs dignes de la France nationale-socialiste, il importe que les Préfets et les Inspecteurs soutiennent de leur autorité les instituteurs et les institutrice? qui, débarrassés de la tutelle maçonnique, et conscients de la grandeur de leur rôle, ne demandent qu'à redonner aux petits Français et aux petites Françaises le cœur et l'âme que l'école d'hier avait tout fait pour tuer en eux.

Le nombre est grand des institutrices et des instituteurs qui, conscients de leur lourde tâche d'éducateurs, sauront la remplir pour le plus grand bien de la France s'ils sont débarrassés de la dictature occulte de la judéo-maçonnerie.

Mais le nombre est également grand des mauvais bergers. Ils font partie de cet état-major que, depuis 50 ans, le sectarisme de gauche a recruté et a subventionné, dont Zay s'était entouré et qui, tour à tour, a soutenu les Juifs expulsés d'Allemagne, l'Empereur d'Ethiopie, les rouges d'Espagne, la Tchécoslovaquie, la Pologne et la guerre à outrance.

Au moment où le Gouvernement du Maréchal prend le parti de redresser l'esprit des instituteurs, il faut bien dire qu'on ne saurait concevoir que de mauvais maîtres, qui ont sévi pendant des années depuis l'école primaire jusque dans les Facultés, puissent continuer impunément leur sale besogne de perversion et de destruction.

Certes, le pardon ne peut être refusé aux pêcheurs qui se repentent, et toutes les conversions peuvent être admises, à condition qu'elles soient sincères.

Mais il est encore trop de professeurs et d'instituteurs, et surtout d'inspecteurs primaires ou secondaires qui courbent momentanément la tête pour garder leurs places et qui ruminent des espoirs de revanche. C'est ceux-là qu'il importe de chasser, et vite, Il ne suffit pas de mettre les instituteurs en garde contre les mauvais éléments de chez eux, il faut encore les protéger contre les mauvais éléments placés au-dessus d'eux.

La réforme de l'Enseignement, condition essentielle du redressement de la France, serait incomplète si elle ne touchait pas le corps enseignant.

Il est indispensable pour l'avenir de la France, de nettoyer les écuries d'Augias.

Il faut que la Révolution Nationale apporte la même application, la même ténacité qu'apporta la judéo-maçonnerie dans sa conquête des masses populaires par l'école ; c'est à ce prix seulement qu'elle réalisera le redressement de l'intelligence et de la fierté françaises et formera des hommes nouveaux, adaptés aux nécessités françaises de l'Europe nouvelle.

- the-savoisien.com
- pdfarchive.info
- vivaeuropa.info
- freepdf.info
- aryanalibris.com
- aldebaranvideo.tv
- histoireebook.com
- balderexlibris.com

www.ingramcontent.com/pod-product-compliance
Lightning Source LLC
LaVergne TN
LVHW041538060526
838200LV00037B/1039